San

EL REINO DE JESUS EN LAS ALMAS CRISTIANAS

Donde se contiene lo que debemos hacer en toda nuestra
vida, para vivir cristianamente, y para formar, hacer vivir
y reinar a Jesús en nosotros

Traducción de D. Germán Jiménez

APOSTOLADO MARIANO
Recaredo, 44
41003 -SEVILLA

ISBN: 978-1-959312-02-4

Published by

PO Box 3619
Vista, CA 255 92085-3619
eudistsusa.org

INDICE

PRIMERA PARTE

La vida cristiana y sus fundamentos

SEGUNDA PARTE

Virtudes cristianas

TERCERA PARTE

Ejercicios para la mañana

Ejercicios durante el día

Ejercicios para la noche

Para la confesión

Para la santa Comunión

Profesiones cristianas

PROLOGO

Ni un momento dudamos en aceptar la amable invitación que nos dirigió el docto traductor de esta obra al presentarla a sus lectores con unas líneas nuestras de prólogo. ¿Cómo no aceptarla muy gustosamente? Se trataba de un Sacerdote bien conocido por su celo por la salvación y santificación de las almas, que había traducido el precioso libro por entender «que las almas buenas mucho se pueden aprovechar, tratándose de libro tan sólido y práctico». Se trataba del amable San Juan Eudes, el gran enamorado y apóstol del Sagrado Corazón de Jesús, a quien «se le ha de mirar como padre, doctor y apóstol» de esta devoción.

Mas no lo hubiéramos hecho de no conocer de antemano y estimar en lo que se merece este admirable libro. Su contenido lo anuncia bien claramente el subtítulo. En él «Se contiene lo que debemos hacer en toda nuestra vida para vivir cristianamente y para formar, hacer vivir y reinar a Jesús en nosotros».

Casi al comenzar el capítulo primero y después de citar el famoso texto de San Pablo: «Nosotros los que componemos la Iglesia somos miembros de su cuerpo, formados de su carne y de sus huesos» (Ef. 5, 30), añade hermosámente: «Estando, por consiguiente, unidos a Él con la más íntima unión que puede darse, como es la de los miembros con su cabeza; unidos a Él espiritualmente por la fe y por la gracia que se nos ha dado en el Santo Bautismo, y corporalmente por la unión de su Santísimo Cuerpo con el nuestro en la Sagrada Eucaristía, síguese de aquí necesariamente que, así como los miembros están animados del espíritu de su cabeza y viven de su vida, de igual manera debemos nosotros vivir la vida de Jesús y estar animados de su espíritu, caminar tras sus huellas, revestirnos de sus sentimientos e inclinaciones, realizar todas nuestras acciones con las mismas disposiciones e intenciones con que Jesús realizaba las suyas; en una palabra, continuar, haciendo nuestra la vida, religión y devoción que Él practicó en la tierra».

Y amplificando estas preciosas ideas, dice en el capítulo siguiente: «Por aquí veis lo que es la vida cristiana: una continuación y complemento de la vida de Jesús. Es decir, que nuestras acciones deben ser la continuación de las acciones de Jesús; que debemos ser otros tantos Jesús para continuar en la tierra su vida y sus obras y para hacerlo y sufrirlo todo santa y divinamente con el espíritu de Jesús; o sea, con las disposiciones e intenciones santas y divinas con que el mismo Jesús se conducía en todas sus acciones y sentimientos...».

«Estas son las grandes verdades, las importantes verdades y dignas de toda nuestra consideración, que nos obligan a algo grande y que deben ser constantemente meditadas por cuantos desean vivir cristianamente.

»Pensad, por lo tanto, en ellas muchas veces y con atención, y aprended de aquí que la vida, la religión, la devoción y piedad cristianas consisten propia y verdaderamente en continuar la vida, devoción y religión de Jesús en la tierra; y que por ello no solamente los religiosos y religiosas sino también todos los cristianos están obligados a llevar una vida completamente santa y divina y a practicar todas sus obras santa y divinamente. Lo cual no es imposible, ni siquiera tan difícil como muchos se lo imaginan, antes muy dulce y fácil para los que tienen cuidado de elevar con frecuencia su espíritu y su corazón a Jesús y de entregarse y unirse a Él en todo lo que hacen».

Es de notar que en el lenguaje de San Pablo «cuerpo místico» no quiere decir algo tan recóndito y elevado que sea medio enigmático e inasequible, sino cuerpo *no material, sino moral.* Un colegio, una familia, iera forma un cuerpo *místico, moral.*

De la importancia de esta preciosa obra de San Juan Eudes decía el Padre Lebrún, doctor en Teología, después de haber hecho largos estudios sobre ella: «El Venerable (ahora Santo) ha condensado en ella con luminosa precisión sus ideas sobre la vida cristiana, su naturaleza, sus fundamentos y su expansión completa en la práctica de las virtudes. Con piedad tan ardiente como penetrante ha formulado los actos y ejercicios que deben alimentarla y desenvolverla. Ninguna otra de sus obras presenta semejantes ventajas». Así pensaba de ella su mismo ilustre autor.

El *Reino de Jesús* lo publicó en Caen el año 1637, cuando contaba 36 años de edad, en plena juventud. Tan favorable fue la acogida que el pueblo fiel le dispensó, que hubo de hacer su autor en Caen y Rouen, París y Lyon, siete copiosas ediciones en solo treinta y tres años. Los Hijos del Santo autor fueron naturalmente los que primero y más constantemente lo leyeron. A éstos siguieron muchos Monasterios de Benedictinos, Carmelitas, Ursulinas. Muchas almas piadosas del siglo hicieron de él su libro preferido y alcanzaron una elevada santidad conformando con sus enseñanzas su vida cotidiana. Una de las más célebres Comunidades de Francia, al decir de alguno, decidió no admitir a ninguna postulante que no llevara consigo el precioso libro. En el pasado siglo el Cardenal Mermillod lo tenía en tanta estima que pensó publicar una nueva edición.

«Uno de los más excelentes libros que se han publicado» lo llama el P. Herambourg y añade: «Merece el nombre de *emanación del cielo* que han dado los filósofos a la miel, este licor delicioso que alimenta y da salud. Es en verad un libro que conviene a pequeños y grandes, a sencillos y sabios, a justos y pecadores. Los unos aprenderán en él el modo de hacer que mazca Jesús en sus almas y los otros el de hacer que crezca y se afirme de día en día. Parece su doctrina común y vulgar a los que lo leen distraídamente, pero los que piensan en él un poco y lo meditan, lo encuentran lleno de los misterios de la teología mística, explicados y descubiertos con una sencillez asequible a todas las inteligencias. Leyéndolo se aprende en poco tiempo a *santificar* a Nuestro Señor en el fondo de su propio Corazón, como lo desea el Apóstol. Sin rebajar en nada el mérito de tantos y tantos libros excelentes cada uno en su género, se puede aseverar que no hay uno solo que enseñe con tanta claridad y brevedad el secreto de la vida interior como el *Reino de Jesús en las almas cristianas*».

¡Lástima grande! Con razón se lamenta el celoso traductor de que entre nosotros sean tan poco conocidos el libro y el autor. Por eso ha hecho una obra muy meritoria que le han de agradecer todas las almas que quieren ser *cristianas* de veras. Nos presenta el precioso libro francés vestido con la hermosa lengua de Castilla en una traducción correctísima, reflejo fiel de las ideas del autor, nítida, fluida, corriente, que se lee con tanto gusto como provecho.

¿Os extrañaréis quizás, piadosos lectores, de no encontrar en sus páginas el nombre benditísimo del Sagrado Corazón de Jesús? No está, es cierto, expresamente consignado, pero sí está implícito en todas ellas. En el *Reino de Jesús en las almas cristianas* está ya en germen lo que el gran Santo escribiría sobre el Divino Corazón. De este libro al del «Corazón admirable» no hay más que un paso. Leed *Corazón de Jesús* donde él dice sólo *Jesús* y tendréis un libro muy sólido y devoto de la gran devoción de nuestros días.

¿No había dicho el Apóstol de las Gentes en quien con preferencia se inspira San Juan Eudes: *Fomentad en vuestros corazones los mismos sentimientos que Jesucristo fomentó en el suyo? ¿Pues qué es esto sino decir:* Amad, honrad, imitad al Corazón del Salvador? ¿No dirá poco después Santa Margarita María que la preciosísima devoción ha de ser ante todo imitación de las virtudes y sentimientos del mismo amantísimo Corazón?

Por otra parte, «no difieren esencialmente», ha probado el autorizado P. Bainvel, S. J., la devoción *eudista* y la *margaritona,* llamémoslas asi, al Divino Corazón. Cierto que la Virgen de Paray fue la evangelista y la apóstol oficial de esta devoción; pero también lo es que San Juan Eudes fue «su auxiliar y precursor». «No sin algún modo de inspiración divina tuvo el primero la idea de un culto público en su honor» asegura el Breve de Beatificación.

Hagamos que sea una verdad cada día más exacta el *Reinado de Jesús en nuestras almas;* que entonces reinará plenamente en nosotros el amantísimo Corazón. Este reinado entero, absoluto, amoroso, será el más espléndido monumento que le podemos erigir.

José M. Sáenz de Tejada. S. J.

PRIMERA PARTE

La vida cristiana y sus fundamentos

CAPITULO 1

Que la vida cristiana debe ser una continuación de la vida santísima que Jesús hizo en la tierra

Jesús, Hijo de Dios e Hijo del hombre, Rey de los hombres y de los ángeles, no solamente es nuestro Dios, nuestro Salvador y soberano Señor, sino también nuestra cabeza, y nosotros sus miembros y su cuerpo, como dice San Pablo: «Nosotros, los que componemos la Iglesia, somos miembros de su cuerpo, formados de su carne y de sus huesos»[1]. Estando, por consiguiente, unidos a Él con la más íntima unión que darse puede, como es la de los miembros con su cabeza; unidos a Él espiritualmente por la fe y por la gracia que se nos da en el santo bautismo. y corporalmente por la unión de su santísimo cuerpo con el nuestro en la sagrada Eucaristía, síguese de aqui necesariamente que, así como los miembros están animados del espíritu de su cabeza, y viven de su vida, de igual manera debemos nosotros vivir la vida de Jesús y estar animados

---

[1] «Membra sumus corporis ejus, de carne ejus, el de ossibus ejus». Eph., V. 30.

de su espíritu, caminar tras sus huellas, revestimos de sus sentimientos e inclinaciones, realizar todas nuestras acciones con las mismas disposiciones e intenciones con que Jesús realizaba las suyas; en una palabra, continuar, hacer nuestra la vida, religión y devoción que Él practicó en la tierra.

Esta afirmación es muy fundada, porque tiene en su apoyo no pocos lugares de las sagradas páginas, donde habla Aquél que es la misma verdad. ¿No le oís cómo dice en diversos lugares del evangelio? «Yo soy la vida». «Yo he venido para que tengáis vida». «Yo vivo y vosotros viviréis. Entonces conoceréis vosotros que yo estoy en mi Padre, que vosotros estáis en mí, y yo en vosotros»[2]. Es decir, que como yo estoy en mi Padre, viviendo de la vida que Él de continuo me comunica, así vosotros estais en mí y vivís mi propia vida, y yo vivo en vosotros, y vosotros conmigo y en mí viviréis.

Y su amado discípulo ¿no nos dice a voces «que Dios nos ha dado una vida eterna y que esta vida está en su Hijo, y que quien tiene al Hijo de Dios tiene la vida»; y, por el contrario, «que quien no tiene al Hijo, no tiene la vida» y «que Dios envió a su Hijo unigénito al mundo, para que por Él tengamos la vida, y que «somos nosotros en este mundo como Él lo fue durante su vida[3]; es decir,

---

[2] «Ego sun.. vita». Joan. XIV, 6. «Ego veni ut vitam habeant». Joan. X. 10. «Et non vultis venire ad me ut vitam habeatis». Joan. V. 40. «Ego vivo et vos vivetis. In illo die vos cognoscetis quia ego sum in Patre meo, et vos in me, et ego in vobis». Joan. XIV, 19. 20.

[3] «Vitam aeternam dedil nodis Deus. Et haec vita in Filio ejus cst. Qui habet Filium, habet vitam; qui non habet Filium, vitan non habet». I Joan., V, II, 12. - «Filium suum unigenitum misit in mundum, ut vivamus pereum». I Joan.. Iv. 9. - Sicut ille est, et nos sumus im hoc mundo, ibid., I 7.

que aquí nosotros ocupamos su lugar y debemos vivir en este mundo como Él vivió.

Y en su apocalipsis ¿no nos declara el mismo apóstol que el esposo amado de nuestras almas, que es Jesús, clama sin cesar, diciéndonos: «Venid, venid a mí. El que tiene sed que venga; y el que quiera, tome de balde el agua de vida[4]; es decir, que pueda dar dentro de mí con el agua de vida verdadera?». Lo cual está conforme con lo que cuenta el santo Evangelio, que un día el Hijo de Dios, puesto en pie en medio de una gran muchedumbre, decía en alta voz: «Si alguno tiene sed, venga a mí y beba»[5].

Y ¿qué es lo que a todas horas nos predica el apóstol San Pablo? «Que estamos muertos y que nuestra vida está escondida con Jesucristo en Dios»[6]. «Que el Padre Eterno nos dio vida juntamente en Cristo y con Cristo»[7]; es decir, que no solamente nos ha hecho vivir con su Hijo, sino también en su Hijo y de la vida de su Hijo»; que la vida de Jesús debe manifestarse también en nuestros cuerpos[8]; que «Jesucristo es nuestra vida»[9]; que Él está y vive en nosotros. «Vivo yo, dice de sí el Apóstol, o más bien, no soy yo el que vive, sino que Cristo vive en mí»[10]. Y, si bien meditáis todo el capítulo en que él expone estas palabras, os convenceréis de que no habla solamente de sí mismo y en su nombre, sino en el nombre y persona

---

[4] «Veni.. veni. Et qui sitit veniat; et qui vult, accipiat aquam vitae gratis». Apoc., XXII, 17.

[5] «Si quis sitit, venial ad me el bibat». Joan. VII, 37.

[6] «Mortui eslis el vita vestra abscondita cst cum Cristo in Deo». Col.. III, 3.

[7] «Deus autem.. convivificavit nos in Cristo». Eph., II, 5. «Et vos., convivifícavit cum illo». Col., II. 13.

[8] «Et vita Jesu manifestetur in corporibus nostris». II Cor., IV, 10, II.

[9] «Cum Cristus apparuerit. vita vestra». Col., III. 4.

[10] «Vivo autem. jam non ego. vivit vero in me Cristus». Gal., II. 20.

de todo cristiano. Y, finalmente, hablando en otro lugar a los cristianos, dice: «que ora sin cesar por ellos, para que Dios les haga dignos del estado a que les ha llamado, y cumplan todos los designios que su bondad tiene sobre ellos y hagan con su poder fecunda su fe en buenas obras, a fin de que sea glorificado en ellos el nombre de N. S. Jesucristo y ellos en Él»[11].

Todos estos sagrados textos nos demuestran con toda evidencia que Jesucristo debe vivir en nosotros, que nosotros no debemos vivir sino en Él, y que su vida debe ser nuestra vida, que nuestra vida debe ser una continuación y expresión de su vida; y que para ninguna otra cosa tenemos derecho a vivir en la tierra, si no es para llevar, santificar, glorificar y hacer vivir y reinar en nosotros, el nombre, la vida, las cualidades y perfecciones, las disposiciones e inclinaciones, las virtudes y acciones de Jesús.

---

[11] «Oramus semper pro vobis: ut dignetur vos vocatione sua Deus noster, et impleat omnem voluntatem bonitatis, et opus fidei in virtute, ut clarificetur nomen Domini nostri Jesu Christi in vobis, et vos in illo». II. Thess, 1, 11. 12.

CAPITULO 2

Confirmación de la verdad precedente

Para entender más claramente, y para cimentar con más firmeza en nuestras almas esta verdad fundamental de la vida, religión y devoción cristianas, tened a bien reparar y considerar que N. S. Jesucristo tiene dos clases de cuerpos y dos clases de vidas: Su primer cuerpo es el cuerpo natural que tomó de la Santisima Virgen: y su primera vida es la vida que tuvo en este mismo cuerpo, mientras estuvo en la tierra. Su segundo cuerpo es su cuerpo místico, la Iglesia, a la que San Pablo llama «corpus Christi»[1], el cuerpo de Jesucristo; y su segunda vida, la vida que tiene en este cuerpo y en todos los verdaderos cristianos, que son miembros de este cuerpo.

La vida pasible y temporal que Jesús tuvo en su cuerpo natural, terminó por completo en el momento de su muerte; pero quiere Él continuar esta misma vida en su cuerpo místico, hasta la consumación de los siglos, para glorificar a su Padre, con las acciones y sufrimientos de una vida mortal, laboriosa y pasible, no solamente durante

---

[1] I Cor, XII. 27.

el espacio de treinta y cuatro años[2] sino hasta el fin del mundo. Esta vida de Jesús en su cuerpo místico, esto es, en los cristianos, si bien es verdad que no llega aún a su total cumplimiento, llénase, no obstante, de día en día, y se completará con entera perfección al fin de los tiempos.

Por eso dice San Pablo: que «él está completando en su carne lo que queda por padecer a Cristo en sus miembros, sufriendo trabajos en pro de su cuerpo místico, que es la Iglesia»[3]. Y lo que San Pablo dice de sí mismo, puede decirse de cada cristiano verdadero, cuando sufre algo con espíritu de sumisión y de amor a Dios. Y lo que San Pablo dice de los sufrimientos, puede decirse de todas las demás acciones que un cristiano realiza en la tierra. Porque así como San Pablo nos asegura que él completa los sufrimientos de Jesucristo, de igual manera puede decirse con toda verdad que un cristiano verdadero, por ser miembro de Jesucristo y por estar unido a Él por la gracia, continua y completa con las acciones que realiza animado del espíritu de Jesucristo, las acciones que el mismo Jesucristo ejecutó, durante el tiempo de su vida pasible en la tierra.

De suerte que, cuando un cristiano ora, continúa y completa la oración que Jesucristo hizo en la tierra; cuando trabaja, continúa y completa la vida laboriosa de Jesucristo; cuando trata con el prójimo con espíritu de caridad, continúa y completa la vida de comunicación de Jesucristo; cuando come o reposa cristianamente, continúa y completa la sujeción que Jesucristo quiso tener a estas

---

[2] Más común es la opinión de los que creen que Jesucristo N. S. vivió en este mundo treinta y tres años. Nota del traductor.
[3] «Adimpleo ea, quae desunt passionum Christi, in carne mea pro corpore ejus. quod est Ecclesia». Col.. 1,24.

necesidades; y así podríamos decir de todas las demás acciones cristianamente practicadas.

En este sentido nos manifiesta San Pablo que «la Iglesia es el complemento o la perfección de Jesucristo, en cuanto Él es su mística cabeza y lo llena todo en todos, formando un todo cumplido y perfecto y comunicando a todos sus miembros el ser y la vida»[4]. Y en otro lugar nos da a entender que «todos nosotros trabajamos en la edificación del cuerpo místico de Jesucristo, hasta que lleguemos a la medida de la edad perfecta de Jesucristo[5]; es decir a la edad según la cual Jesucristo se ha de formar místicamente en nosotros, lo cual no se cumplirá en toda su perfección sino en el día del juicio.

Porque siendo este divino Jesús nuestra cabeza y nosotros sus miembros, unidos a Él con una unión incomparablemente más estrecha, más noble y elevada que la unión que existe entre la cabeza y los miembros de un cuerpo natural, síguese forzosamente que debemos estar animados de su espíritu y vivir de su vida, más particular y perfectamente que los miembros de un cuerpo natural están animados y viven de su cabeza.

Estas son las grandes verdades, las importantes verdades y dignas de toda nuestra consideración, que nos obligan a algo grande y que deben ser constantemente meditadas por cuantos desean vivir cristianamente.

Pensad, por lo tanto, en ellas muchas veces y con atención y aprended de aquí: que la vida, la religión, la devoción

---

[4] «Et ipsum dedit caput supra omnem Ecclesiam. quae est Corpus ipsius. et plenitudo ejus, qui omnia in ómnibus adimpletur». Eph.. 1,22, 23.
[5] «Et ipse dedit quosdam apostólos... in aedifícationem corporis Christi; doñee occurramus omnes in unitatem fidei, et agnitionis Filii Dei, in virum perfectum, in mensuram aetatis plenitudinis Christi». Eph., IV, 11-13.

y piedad cristianas consisten propia y verdaderamente en continuar la vida, devoción y religión de Jesús en la tierra, y que por ello, no solamente los religiosos y religiosas, sino también todos los cristianos están obligados a llevar una vida completamente santa y divina y a practicar todas sus obras santa y divinamente. Lo cual no es imposible, ni siquiera tan difícil como muchos se lo imaginan, antes muy dulce y fácil para los que tienen cuidado de elevar con frecuencia su espíritu y su corazón a Jesús y de entregarse y unirse a Él en todo lo que hacen.

CAPITULO 3

Cuatro fundamentos de la vida cristiana Primer fundamento: LA FE

Asentado ya que no tenemos derecho a vivir en el mundo sino para continuar la vida santa y perfecta de nuestra cabeza, que es Jesús, cuatro cosas debemos considerar frecuentemente, adorar en la vida que Jesús tuvo en la tierra y esforzarnos, cuanto nos sea dado con la ayuda de su gracia, por expresarlas y continuarlas en nuestra vida, cuatro cosas que son como otros tantos fundamentos de la vida cristiana, y sin las cuales, por consiguiente, es imposible ser verdadero cristiano. Por esto, es necesario deciros aquí algo de cada una de ellas en particular.

El primer fundamento de la vida cristiana es la fe. Porque San Pablo nos manifiesta «que si queremos ir a Dios y llegarnos a su divina Majestad, el primer paso que hemos de dar es creer»[1] y que «sin fe es imposible agradar a Dios»[2]. «La fe, dice el mismo apóstol, es el fundamento

---

[1] «Crederi enim oportet accedentem ad Dcum». Hcb.. II. 6.
[2] «Sinc fide autem impossibile est placeré Deo. Ibid.».

de las cosas que esperamos»[3]. Es la piedra fundamental de la casa y del reino de Jesucristo. Es una luz celestial y divina, una participación de la luz eterna e inaccesible, un rayo del rostro de Dios; o, para hablar un lenguaje más conforme a la Escritura, la fe es como un divino sello por el cual la luz del rostro de Dios queda impresa en nuestras almas[4].

Es una comunicación y una como extensión de la luz y ciencia divina que fue infundida en el alma santa de Jesús, en el momento de su Encarnación. Es la ciencia de la salvación, la ciencia de los santos, la ciencia de Dios que Jesucristo ha sacado del seno de su Padre y nos la ha traído a la tierra, para disipar nuestras tinieblas, para iluminar nuestros corazones, para darnos los conocimientos necesarios a fin de servir y amar a Dios perfectamente, para someter y subyugar nuestros espíritus a las verdades que Él nos enseñó y nos enseña aún por Él mismo y por medio de su Iglesia, y así expresar, continuar y completar en nosotros la sumisión, la docilidad y el rendimiento voluntario y sin sombras que su espíritu humano tuvo con respecto a las luces que su Eterno Padre le comunicó y a las verdades que le fueron enseñadas; toda vez que la fe, que nos ha sido dada para sujetar y hacer cautivo nuestro espíritu a la creencia de las verdades que se nos manifiestan de parte de Dios, es una continuación y complemento de la sumisión amorosa y perfectísima que el espíritu humano de Jesucristo tuvo a las verdades que su Padre Eterno le manifestó.

Esta luz y ciencia divina nos da un perfecto conocimiento, en la medida que se puede tener en este mundo, de todas las cosas que están en Dios y fuera de Dios.

---

3 «Est autem fídes sperandarum substantia rerum». Heb.. II. I.
4 «Signatum est super nos lumen vultus tui. Domine». Ps. 4, 7.

La razón y la ciencia humana las más de las veces nos engañan; ya porque son débiles y limitadas en sus luces para alcanzar el conocimiento de las cosas de Dios, infinitas e incomprensibles; como también, porque la ciencia y la razón humana están envueltas en tinieblas y oscuridades, como consecuencia de la corrupción del pecado, para poder tener siquiera un conocimiento verdadero de las cosas que están fuera de Dios. Pero la luz de la fe, siendo, como es, una participación de la verdad y luz de Dios, no nos puede engañar, sino que nos hace ver las cosas como Dios las ve, es decir, en su propia verdad y como son a los ojos de Dios.

De suerte, que si miramos a Dios con los ojos de la fe, le veremos en su propia verdad, tal como Él es, y en cierta manera como cara a cara. Porque, aunque bien es verdad que la fe va unida a la oscuridad y nos hace ver a Dios, no con la claridad con que se le ve en el cielo, sino oscuramente y como a través de una nube, sin embargo, no humilla su suprema grandeza, como hace la ciencia, entregándose al alcance de nuestro espíritu, sino que, a través de sus sombras y oscuridades penetra hasta la infinitud de sus perfecciones y nos le hace conocer tal como Él es: infinito en su ser y en todas sus divinas perfecciones.

Ella nos da a conocer que todo lo que hay en Dios y en Jesucristo, Hombre-Dios, es infinitamente grande y admirable, infinitamente adorable y amable, e infinitamente digno de ser glorificado y amado por sí mismo. Ella nos hace ver que Dios es veracísimo y fidelísimo en sus palabras y promesas, que es todo bondad, todo dulzura y todo amor para con los que le buscan y ponen en Él su confianza, así como todo rigor, espanto y severidad para con los que le abandonan, siendo cosa espantosamente terrible caer en las manos de su justicia. Ella nos da a conocer con completa seguridad que la divina Providencia guía y gobierna, santa y sapientísimamente y del mejor modo posible, todo cuanto ocurre en el mundo; providencia que merece ser infinitamente adorada y amada por todos los seres que ella ordena, sea en su justicia, sea en su misericordia, en el cielo, en la tierra y en el infierno.

Si miramos a la Iglesia de Dios a la luz de la fe, veremos que teniendo a Jesucristo por su cabeza y al Espíritu Santo por su guía, es imposible que pueda en cosa alguna apartarse de la verdad ni en callar a la mentira; y que, por consiguiente, todas las ceremonias, usos y funciones de la Iglesia han sido santamente instituidos, que cuanto ella prohíbe y manda, muy legítimamente queda prohibido y mandado, que todo lo que enseña es infaliblemente verdadero. que hemos de estar dispuestos a morir mil veces antes que apartarnos lo más mínimo del mundo de verdades que nos comunica, y, que en fin, estamos obligados a honrar y reverenciar de una manera particular todas las cosas que están en la Iglesia, como cosas santas y sagradas.

Si nos vemos a nosotros mismos y a todas las cosas del mundo con los ojos de la fe, veremos con toda claridad que, de nosotros mismos, no somos más que nada, pecado y abominación, y que todo lo que hay en el mundo, no es sino humo, ilusión y vanidad.

Así hemos de mirar todas las cosas, no en la vanidad de nuestros sentidos, ni con los ojos de la carne y de la sangre, ni con la pobre y engañosa vista de la razón y de la ciencia humana, sino en la verdad de Dios, y con los ojos de Jesucristo, con aquella luz que Él sacó del seno de su Padre, con la que mira y conoce todas las cosas, luz divina que Él nos ha comunicado, a fin de que mirásemos y conociésemos todas las cosas como Él las mira y conoce.

CAPITULO 4

Que la Fe debe ser norma de todas nuestras acciones

Así como debemos mirar todas las cosas a la luz de la fe para conocerlas con verdad, de igual manera debemos practicar todas nuestras acciones, guiados por esta misma luz para realizarlas santamente. Porque, como Dios se conduce por su divina sabiduría; los ángeles, por su inteligencia angélica; los hombres privados de la luz de la fe, por la razón; las personas del mundo, por las máximas que en él se siguen; los voluptuosos, por sus sentidos; así los cristianos, de quien Jesucristo es la cabeza, deben guiarse por la misma luz que a Jesucristo guió; es decir, por la fe, que es una partí pación de la ciencia y luz de Jesucristo.

Para ello, debemos esforzarnos, con toda clase de medios, por aprender bien esta divina ciencia y por no emprender nada que se desvíe de esta santa norma. A este efecto, al comenzar nuestras acciones, sobre todo las más importantes, pongámonos a los pies del Hijo de Dios, adorémosle como autor y consumador de la fe y como a quien es Padre de las luces, luz verdadera que ilumina a todo hombre que viene a este mundo.

Reconozcamos que, de nosotros mismos, no somos más que tinieblas y que todas las luces de la razón, de la ciencia y hasta de la experiencia humana no son, con harta frecuencia, más que oscuridades e ilusiones, en las que no debemos tener confianza alguna. Renunciemos a la prudencia de la carne y a la sabiduría del mundo; pidamos a Jesús que las destruya en nosotros como a verdaderos enemigos, que no permita que sigamos sus leyes, sus máximas y consejos; antes, por el contrario, que nos ilumine con su luz celestial, que nos guíe con su divina sabiduría, que nos dé a conocer lo que le es más grato, que nos conceda gracia y fortaleza para asentir inquebrantablemente a sus palabras y promesas, para cerrar constantemente los oídos a toda consideración, y para preferir con valentía las verdades y máximas de la fe que Él nos enseña por su Evangelio y por la Iglesia, a todas las razones y discursos de los hombres que se conducen según las máximas del mundo.

A este fin, muy bueno sería, contando con el permiso de quienes lo puedan dar, leer todos los días de rodillas un capítulo de la vida de Jesús contenida en el Nuevo Testamento, a fin de aprender cuál ha sido la vida de nuestro Padre y de advertir cuidadosamente, considerando las acciones que Él obró, las virtudes que ejercitó y las palabras que profirió, las reglas y máximas por las que Él se condujo y quiere que nosotros nos conduzcamos. Porque la prudencia cristiana consiste en renunciar a las máximas de la prudencia humana, en invocar el espíritu de Jesucristo, a fin de que nos ilumine, nos conduzca según sus máximas y nos gobiene, conforme a las verdades que Él nos ha enseñado y las acciones y virtudes que Él practicó. Esto es conducirse según el espíritu de la fe.

CAPITULO 5

Segundo fundamento de la vida cristiana: El odio y el apartamiento del pecado

Si estamos obligados a continuar en la tierra la vida santa y divina de Jesús, debemos también revestirnos de los sentimientos e inclinaciones del mismo Jesús, según la enseñanza de su Apóstol: «Hoc sentite in vobis et in Christo Jesu»[1]. Habéis de tener en vuestros corazones los mismos sentimientos que tuvo Jesucristo en el suyo.

Ahora bien, Jesucristo tuvo dos clases de sentimientos en extremo contrarios, a saber: un sentimiento de amor infinito, por lo que mira a su Padre y a nosotros, y un sentimiento de sumo odio a todo lo que es contrario a la gloria de su Padre y a nuestra salvación, es decir, a todo lo que respecta al pecado.

Ama a su Padre, y lo mismo a nosotros, con amor infinito; del mismo modo, odia al pecado infinitamente. Y ama tanto a su Padre y a nosotros, que ha hecho cosas

---

[1] Philip.. 2. 5.

infinitamente grandes, ha sufrido tormentos sumamente dolorosos, y ha sacrificado su vida soberanamente preciosa por la gloria de su Padre y por nuestro amor.

Por el contrario, es tal el horror que tiene al pecado, que bajó del cielo a la tierra, se anonadó a sí mismo tomando la forma de siervo, vivió treinta y cuatro años[2] en la tierra una vida llena de trabajos, de desprecios y sufrimientos, derramó hasta la última gota de su sangre, y murió con la más afrentosa y cruel de todas las muertes; todo ello, por el odio que tiene al pecado y por el deseo supremo que alberga en su corazón de destruirlo en nosotros.

Debemos, por lo tanto, continuar en nosotros estos mismos sentimientos que Jesús tuvo para con su Padre y en orden al pecado, declarándole la guerra que Él le declaró mientras estuvo en la tierra; porque, si estamos obligados a amar a Dios sobre todas las cosas y con todas nuestras fuerzas, también lo estamos a odiar infinitamente, o cuanto podamos, al pecado.

Para llegar a esto, mirad desde ahora al pecado, no como lo miran los hombres, con ojos carnales y cegados, sino como lo mira Dios, con ojos esclarecidos con su luz divina, con los ojos de la fe.

Veréis a esta luz y con estos ojos, que siendo el pecado en cierta manera infinitamente contrario y opuesto a Dios y a todas sus divinas perfecciones y suponiendo la privación de un bien infinito, como es Dios, entraña en sí una malicia, una locura, una fealdad, una miseria tan grande como Dios, infinito en bondad, en sabiduría, en hermosura y en

---

2 Véase la nota (2) de la página 24.

santidad[3]; y que debe ser, por consiguiente, en algún modo tan odiado y perseguido como Dios merece ser buscado y amado. Veréis que el pecado es cosa tan horrible que no puede ser borrado sino con la sangre de un Dios; tan detestable que no puede ser destruido sino por la muerte y destrucción de un Hombre- Dios; tan abominable que no puede dejar de existir sino por el anonadamiento del Hijo único de Dios; tan execrable ante Dios, a causa de la injuria y deshonor infinito que le infiere, que tal injuria y deshonor no puede ser dignamente reparado sino con los trabajos, sufrimientos, agonías, con la muerte y méritos infinitos de un Dios.

Veréis que el pecado es un cruel homicida, un deicida espantoso, y la más horrible destrucción de todas las cosas. Es un homicida, puesto que es la única causa en el hombre de la muerte de su cuerpo y de su alma juntamente. Es un deicida, porque el pecado, el pecador hizo morir a Jesucristo en la cruz y todavía le crucifica cada día en sí mismo. Es además, la destrucción de la naturaleza, de la gracia, de la gloria y de todas las cosas, porque destruyendo, en cuanto en él está, al autor de la naturaleza, de la gracia y de la gloria, destruye en cierta manera todas estas cosas.

Veréis también, que el pecado es tan destestable ante Dios, que la primera, la más noble y querida de sus criaturas, el ángel, así que cayó en un solo pecado, y él nada más de pensamiento, un pecado de un momento, le precipitó desde lo más alto del cielo a lo más profundo de los infiernos, sin darle un solo momento de tiempo

---

[3] «Pcceatum contra Dcum commisssum quandam inflnitatem habet. ex infinítate divinae majestatis: tanto cnim offensa est gravior. quanto major est ile in quem delinquitur». St. Th. III. 1.2. ad 2ᵐ.

para hacer penitencia, por indigno e incapaz[4] de ella; y cuando se encuentra a un alma a la hora de la muerte con un pecado mortal, a pesar de ser todo bondad y amor para con su criatura, no obstante el deseo supremo que tiene de salvar a todo el mundo, y a este efecto haber derramado su sangre y dado su vida, se ve obligado por su justicia a pronunciar una sentencia de eterna condenación contra esta alma desventurada. Pero, lo más asombroso de todo esto es: Que el Padre Eterno, viendo a su propio Hijo, a su Hijo único amadísimo, santísimo e inocentísimo, cargado de pecados ajenos, «no le ha perdonado, dice San Pablo, sino que le ha entregado por nosotros a la cruz y a la muerte»[5].

¡Tan abominable y execrable ante Él es el pecado!

Veréis además que el pecado está tan lleno de malicia que transforma a los servidores de Dios en esclavos del diablo, a los hijos de Dios en hijos del diablo, a los miembros de Jesucristo en miembros de Satanás y hasta a los que son dioses por gracia y por participación en diablos por semejanza e imitación, según la palabra del que es la misma verdad, quien hablando de un pecador, le llama diablo: «unus ex vobis diabolus est»[6].

Conoceréis, en fin, que el pecado es el mal de los males y la desgracia de las desgracias; el manantial de todos los males y desgracias que cunden por la tierra y colman el infierno. En verdad que no hay sino este solo mal en el mundo que pueda ser llamado mal, entre todas las cosas terribles y espantosas, la más terrible y espantosa; más

---

4 Cf. S. Th., 1,64,2.
5 «Proprio Filio suo non pepercit, des pro nobis ómnibus tradidit illum». Rom. VIII. 32.
6 Joan. 6, 71.

horrible que la muerte, más espantable que el diablo, más pasmoso que el infierno, puesto que todo lo que hay de horrible, espantable y pasmoso en la muerte, en el diablo y en el infierno, procede del pecado.

¡Oh pecado, qué detestable eres! ¡Ah si los hombres te conociesen! Es preciso decir bien claro que hay algo en ti, infinitamente más horrible que cuanto se puede decir y pensar, porque el alma manchada con tu corrupción no puede quedar limpia y purificada sino con la sangre de un Dios, y tú no puedes ser destruido y aniquilado sino por la muerte y anonadamiento de un Hombre-Dios.

¡Oh gran Dios! no me asombra que tanto odiéis a este monstruo infernal y que le castiguéis con tanto rigor. Asómbrense los que no os conocen y los que no conocen la injuria que se os hace con el pecado. En verdad, ¡oh Dios mío! que no seríais Dios si no odiaseis infinitamente la iniquidad. Porque, viéndoos felizmente necesitado de amaros a Vos mismo, como a bondad infinita que sois, con infinito amor: estáis igual santamente obligado a aborrecer infinitamente lo que os es, en cierto modo, infinitamente contrario.

¡Oh cristianos que léeis estas cosas, fundadas todas ellas en la palabra de la eterna Verdad!, si aún os queda alguna centellita de amor y de celo por el Dios que adoráis, aborreced lo que Él tanto aborrece y le es tan contrario. Temed al pecado y huid de él más que de la peste, más que la muerte, más que de todos los males imaginables. Conservad siempre en vosotros una inquebrantable resolución de sufrir mil muertes con toda clase de tormentos, antes que separaros jamás de Dios por un pecado mortal.

Y, a fin de que Dios os preserve de semenjante desgracia, cuidad también de evitar, cuanto podáis, el pecado venial. Porque debéis recordar, que fue preciso que Nuestro Señor derramase su sangre y sacrificase su vida para borrar tanto el pecado mortal como el venial; y que el que descuida el pecado venial, caerá pronto en el mortal. Si no sentís en vosotros estas resoluciones rogad a Nuestro Señor que os las imprima en vuestra alma, y no tengáis un momento de reposo hasta que os encontréis con ellas. Porque, mientras no esteis en la disposición de morir y de sufrir toda clase de desprecios y tormentos antes que cometer pecado alguno, sabed que no sois verdaderamente cristiano; que si por desgracia acontece que cayerais en alguna falta, esforzaos por levantaros cuanto antes. por medio de la contrición y confesión y volved nuevamente a vuestras primeras disposiciones.

CAPITULO 6

Tercer fundamento de la vida cristiana: El desprendimiento del mundo y de las cosas del mundo

No basta a un cristiano estar desprendido del vicio y aborrecer toda clase de pecados, además de esto es necesario que trabajéis cuidadosa y varonilmente por manteneros en un perfecto desprendimiento del mundo y de todas las cosas del mundo. Entiendo por mundo: la vida co-rrupida y desarreglada que se lleva en el mundo, el espíritu reprobable que en él reina, los sentimientos e inclinaciones perversas que allí se siguen, y las leyes y máximas perniciosas por las que el mundo se gobierna. Entiendo por cosas del mundo: todo lo que el mundo tanto estima y ama y con afán busca, a saber: los honores y alabanzas de los hombres, los vanos placeres y contentamientos, las riquezas y comodidades temporales, las amistades y aficiones fundadas en la carne y en la sangre, en el amor propio y en el propio interés.

Ojead la vida de Nuestro Señor Jesucristo y encontraréis que Él vivió en la tierra dentro del más perfecto desprendimiento y privación de todas las cosas. Leed su Evangelio, escuchad su palabra y aprenderéis: «que el que no renuncia a todas las cosas no puede ser su discípulo». Por esto, si deseáis ser verdaderamente cristiano y discípulo de Jesucristo, si deseáis continuar y reproducir en vosotros su vida santa y desprendida de todas las cosas, es preciso que os esforcéis por manteneros en este desprendimiento absoluto y universal del mundo y de todas las cosas del mundo.

Para ello, debéis considerar con frecuencia; que el mundo ha sido y será siempre contrario a Jesús, que siempre le ha perseguido y crucificado y le perseguirá y crucificará sin cesar hasta la consumación de los siglos, que los sentimientos e inclinaciones, las leyes y máximas, la vida y el espíritu del mundo, de tal manera son opuestos a los sentimientos e inclinaciones, a las leyes y máximas, a la vida y espíritu de Jesús, que es imposible puedan subsistir juntamente. Porque todos los sentimientos e inclinaciones de Jesús no se encaminan sino a la gloría de su Padre y a nuestra santificación, y los sentimientos e inclinaciones del mundo no tienden más que al pecado y a la perdición.

Las leyes y máximas de Jesús son dulcísimas, muy santas y razonables; las leyes y máximas del mundo son leyes y máximas de infierno, completamente diabólicas, tiranas e insoportables. ¿Puede haber nada más diabólico y tirano que las leyes execrables de esos mártires del mundo que se obligan, según sus reprobables máximas, a sacrificar su bienestar, su alma y su salvación a Satanás, por un maldito puntillo de honor? Y lo que es más horrible aún, es que están obligados por la tiranía rabiosa de las leyes abominables del mundo, si se les llama por segunda vez, a batirse a veces a sangre fría, sin objeto y sin razón, por la pasión y locura de un impertinente, que les es indiferente, con el mayor de sus enemigos y clavarle a menudo la espada en su seno, dándole muerte, arrancando el alma del cuerpo para entregarla a Satanás en las llamas eternas. ¡Qué rabia y crueldad! ¡Oh Dios mío! ¿Pude verse nada más duro y tiránico?

La vida de Jesús es una vida santa y adornada de toda clase de virtudes; la vida del mundo es una vida depravada, llena de desórdenes y de toda clase de vicios. El espíritu de Jesús en orden a Dios, es espíritu de luz, de verdad, de piedad, de amor, de confianza, de celo y de reverencia; el espíritu del mundo es un espíritu de error, de incredulidad, de tinieblas, de ceguera, de desconfianza, de alboroto, de impiedad, de irreverencia y de dureza para con Dios y las cosas de Dios.

El espíritu de Jesús es un espíritu de humildad, de modestia, de desconfianza de uno mismo, de mortificación y abnegación, de constancia y firmeza, con relación a nosotros mismos; por el contrario, el espíritu del mundo, es un espíritu de orgullo, de presunción, de amor desordenado de sí mismo, de ligereza e inconstancia. El espíritu de Jesús, con relación al prójimo, es un espíritu de misericordia, de caridad, de paciencia, de dulzura y de unión; el espíritu del mundo es un espíritu de venganza, de envidia, de impaciencia, de cólera, de murmuración y de división.

En fin, el espíritu de Jesús es el espíritu de Dios, espíritu santo y divino, espíritu de toda clase de gracias, de virtud y de bendición, espíritu de paz y de tranquilidad, espíritu que no busca más que los intereses de Dios y de su gloria; por el contrario, el espíritu del mundo es el espíritu de Lucifer; porque siendo Lucifer principe y cabeza del mundo, síguese necesariamente que el mundo está animado y regido de su espíritu; espíritu terreno, carnal y animal, espíritu de maldición y de toda clase de pecados, espíritu de turbación y de inquietud, espíritu de borrasca y tempestad, «spiritus procellarum»[1], espíritu que no busca más que su propia comodidad, sus gustos e intereses. Juzgad ahora si es posible que el espíritu y la vida del mundo pueda compartir con el espíritu y la vida cristiana, que no es otra cosa que el espíritu y la vida de Jesucristo.

Por todo lo dicho, si deseáis ser verdaderamente cristianos, es decir, si deseáis pertenecer perfectamente a Jesucristo, vivir su vida, estar animados de su espíritu y conduciros según sus máximas, es de todo punto necesario que os propongáis renunciar enteramente y dar un eterno adiós al mundo. No quiero decir que sea necesario que abandonéis el mundo para encerraros entre cuatro paredes, si Dios no os llama a ello; pero sí que os esforcéis por vivir en el mundo, como si no fuerais del mundo, esto es, que hagáis profesión pública generosa y constante de no vivir más la vida del mundo y de no conduciros en adelante por su espíritu y por sus leyes; que no os avergoncéis, antes por el contrario, que os gloriéis santamente de ser cristianos, de pertenecer a Jesucristo y de preferir las santas máximas y verdades que Él nos ha dejado en su Evangelio a las perniciosas máximas y falsedades que el mundo enseña a sus discípulos; y que, a lo menos, tengáis tanto ánimo y firmeza para renunciar a las leyes, sentimientos e inclinaciones del mundo y para despreciar por virtud todos sus vanos discursos y engañosas opiniones, como

---

[1] Ps.,X, 7.

34

temeridad e impiedad él alardea tener en despreciar perversamente las leyes y máximas cristianas y en enojarse impertinentemente con los que las siguen.

Porque en esto consiste el verdadero valor y la perfecta generosidad; y lo que el mundo llama valor y espíritu fuerte, no es más que cobardía y debilidad de corazón.

He aquí lo que yo llamo desprenderse del mundo y vivir en el mundo como si en él no se estuviese.

CAPITULO 7

Continuación de la materia precedente, sobre el desprendimiento del mundo

Es necesario, a fin de grabar mejor en vuestra alma este desprendimiento del mundo, que no os limitéis en vuestro empeño a apartaros de él, sino también que le aborrezcáis como Jesucristo le aborreció. Pues bien, Jesucristo de tal manera aborrece al mundo que no sólo nos exhorta por su discípulo amado a que «no amemos al mundo ni las cosas que hay en el mundo»[1], sino que nos declara además por su apóstol Santiago que «la amistad de este mundo es para Él enemistad»[2], es decir, que tiene por enemigos suyos a cuantos aman al mundo. Y por sí mismo nos asegura «que su reino no es de este mundo; como

---

[1] «Nolite diligere mundum neque ea quae in mundo sunt». I Joan. II. 15.
[2] «Nescitis quia amicitia hujus mundi inimica est Dei? Quicumque ergo voluerit amicus esse saeculi hujus, inimicus Dei constituitur». Jac., IV, 4.

tampoco lo son, ni Él, ni los que su Padre le ha dado»[3]. Y, lo que es mucho más formidable, protesta altamente, y esto al tiempo y en el día en que da a conocer los mayores excesos de su bondad, la víspera de su muerte, cuando se dispone a dar su sangre y su vida por la salvación de los hombres; protesta, digo, altamente «que Él no ruega por el mundo»[4]; y con esto, fulmina un espantoso anatema, una maldición y excomunión contra el mundo, declarándole indigno de la participación de sus plegarias y de sus misericordias.

Nos asegura, finalmente, «que el mundo está ya juzgado, que el príncipe de este mundo ha sido lanzado fuera»[5]. En efecto, tan pronto como el mundo cayó en la corrupción causada por el pecado, la divina justicia lo juzgó y condenó a ser abrasado y consumido por el fuego. Y, aunque el efecto de esta sentencia se dilate, se resolverá, no obstante, en la consumación de los siglos. En consecuencia de lo cual, Jesucristo mira al mundo como el objeto de su odio y de su maldición, como cosa que intenta y desea pasarlo por el fuego el día de su furor.

Penetrad, pues, en estos sentimientos y afectos de Jesús con respecto al mundo y a todas las cosas del mundo. Mirad en adelante al mundo como Jesús lo mira, como el objeto de su odio y maldición. Miradle como cosa que Él os prohíbe amar, bajo pena de incurrir en su enemistad: como cosa que Él ha condenado y maldito por su propia

---

[3] Regnum meun non cst de hoc mundo. Joan., XVIII. 36.
«Quos dedisti mihi custodivi... non sunt de mundo sicut et ego non sum de mundo. Non rogo ut tollas eos de mundo, sed ut serves eos a malo. De mundo non sunt, sicut et ego non sum de mundo». Joan., XVII, 12-16.
[4] Ego pro cis rogo; non pro mundo rogo». Joan., XVII. 9.
[5] «Nunc judicium est mundi; nunc princeps hujus mundi ejicictur foras». Joan., XII, 31.

boca, con el que, por consiguiente, no nos es permitido comunicarnos sin participar de su maldición; miradle como cosa que Él quiere abrasar y reducir a cenizas. Mirad todas las cosas que el mundo tanto ama y estima: los placeres, los honores, las riquezas, las amistades y aficiones mundanas y demás cosas semejantes, como cosas de puro paso, según el oráculo divino: «Mundus transit et concupiscentia ejus»[6], el mundo pasa, y pasan también con él todos sus atractivos: cosas que no son más que nada y humo, engaño e ilusión, vanidad y aflicción de espíritu. Leed muchas veces y considerad atentamente estas verdades; pedid todos los días a Nuestro Señor que os las imprima en vuestro corazón.

Y, a fin de disponeros a ello, tomad todos los días algún tiempo para adorar a Jesucristo en el perfecto des-prendimiento que tuvo del mundo y suplicadle que os desprenda de él por completo e imprima en vuestro corazón, odio y aborrecimiento a todas las cosas del mundo.

Guardaos, por vuestra parte, de no comprometeros con las visitas y conversaciones inútiles que se estilan en el mundo. Si estáis ligados a ellas, romped ¡por Dios! a cualquier precio vuestros compromisos y huid más que de la peste, de lugares, personas y compañías en las que no se habla más que del mundo y de las cosas del mundo. Porque, como de estas cosas se habla con aprecio y consideración, es muy difícil que las conversaciones que en el mundo se tienen no dejen alguna mala impresión en vuestro espíritu. Y fuera de esto, no ganaréis más que una peligrosa pérdida de tiempo; no encontraréis más que una triste disipación y

---

[6] I Joan.. II. 17.

aflicción de espíritu; no reportaréis más que amargura de corazón, enfriamiento de la piedad, apartamiento de Dios y mil otras faltas que cometeréis.

Y mientras busquéis y améis la conversación del mundo, Aquél que tiene sus delicias en estar con los hijos de los hombres, no las tendrá en vosotros y no os hará gustar las dulzuras que comunica a los que ponen todas sus delicias en conversar con Él.

Huid, pues, del mundo, os lo digo una vez más; huid de él y aborreced su vida, su espíritu y sus máximas, y no hagáis amistad ni tengáis comunicación, en cuanto os sea posible, sino con las personas que podéis o que os pueden ayudar y animar, con su ejemplo y su palabra, a amar a nuestro amabilísimo Jesús, a vivir de su espíritu y a detestar cuanto le es contrario.

CAPITULO 8

Del desprendimiento de sí mismo

Mucho es haber renunciado al mundo, de la manera que acabamos de decir, pero esto no es aún bastante para llegar al perfecto desprendimiento, que es uno de los principales fundamentos de la vida cristiana. Porque Nuestro Señor Jesucristo clamó en alta voz que «quien quiera ir en pos de Él, renuncie a sí mismo y le siga»[1]. Por lo tanto, si queremos seguir a Jesucristo y pertenecerle, es preciso renunciarnos a nosotros mismos, es decir, a nuestro propio espíritu, a nuestros propios sentidos, a nuestra propia voluntad, a nuestros deseos e inclinaciones y a nuestro amor propio que nos lleva a odiar y evitar todo lo que ocasiona cualquier pena y mortifcación al espíritu y a la carne, y a amar y buscar lo que les proporciona algún placer y contentamiento.

Dos razones nos obligan a esta abnegación y renuncia de nosotros mismos:

---

[1] «Si quis vult post me venire, abneget semetipsum et tollat crucem suam et sequatur me». Matth., XVI. 24.

1.ª Porque cuanto hay en nosotros de tal modo está desarreglado y viciado, como consecuencia de la corrupción del pecado, que no hay nada nuestro en nosotros que no sea contrario a Dios, que no entorpezca sus santos designios y no se oponga al amor y a la gloria que le debemos. Por esto, si deseamos ser de Dios, es de toda necesidad renunciarnos a nosotros mismos, olvidamos, odiarnos, perseguirnos y anonadarnos.

2.ª Porque Nuestro Señor Jesucristo, que es nuestra cabeza y nuestro modelo, en quien nada hubo que no fuese santo y divino por completo, vivió, sin embargo, contal desprendimiento de sí mismo y con tal anonadamiento de su espíritu humano, de su propia voluntad y del amor de sí mismo, que jamás hizo nada por su propio espíritu y humano sentimiento, sino guiado del espíritu de su Padre: nunca siguió su propia voluntad, sino la de su Padre; se condujo consigo mismo como quien no se tiene amor alguno, antes odio extremado, privándose en este mundo de una gloria y felicidad infinitas y de todos los placeres y contentamientos humanos, y buscando y abrazando lodo aquello que podía proporcionarle sufrimiento en su cuerpo y en su alma.

Por esta razón, si somos con verdad sus miembros, debemos penetrarnos de sus sentimientos y disposiciones, y tomar una firme resolución de vivir en lo sucesivo con un completo desprendimiento y odio de nosotros mismos.

A este efecto, tened cuidado de adorar frecuentemente a Jesús en este desprendimiento de sí mismo y de entregaros a Él, suplicándole que os despegue enteramente de vosotros mismos, de vuestro propio espíritu, de vuestra propia voluntad *y* de vuestro amor propio, para uniros perfectamente a Él y regiros en todas las cosas, según su espíritu, según su voluntad y su puro amor.

Al dar comienzo a vuestras obras, elevad a Jesús vuestro corazón de este modo: ¡Oh Jesús, yo renuncio con todas mis fuerzas a mí mismo, a mi propio espíritu, a mi propia voluntad y a mi amor propio y me entrego totalmente a Vos, a vuestro santo espíritu y a vuestro divino amor; sacadme fuera de mí mismo y guiadme en esta obra según vuestra santa voluntad.

En las ocasiones de discutir, que se os presentarán dada la diversidad de opiniones que a cada hora se nos ponen delante, aunque os parezca tener razón y que la verdad está de vuestra parte, alegraos, con tal que no vayan en ello los intereses de la divina gloria, de tener ocasión de renunciar a vuestro propio parecer y ceder a la opinión ajena.

En los deseos e inclinaciones que hacia cualquier cosa sintáis, deshaceos enseguida de ello a los pies de Jesús, y protestadle que no queréis tener más voluntad c inclinaciones que las suyas.

Tan pronto como os apercibáis que tenéis alguna ternura o afición sensible hacia algo, en el mismo momento dirigid a Jesús vuestro corazón y vuestros afectos, de esta manera: ¡Oh mi querido Jesús, os hago entrega completa de mi corazón con todos sus afectos! ¡Oh único objeto de mis amores, haced que jamás ame nada sino en Vos y por Vos!

Cuando se os prodigue alguna alabanza, referidla a Aquél que es el único digno de todo honor, diciendo: ¡Oh gloria mía, no quiero yo nunca más gloria que la vuestra: porque a Vos sólo es debido todo honor, toda alabanza y toda gloria y a mí toda abyección, desprecio y humillación!

Cuando se os presenten motivos de mortificación para el cuerpo o para el espíritu, u ocasiones de privaros de algún contentamiento (lo que acontece a cada paso) abrazadlas de buena gana por amor de Nuestro Señor y bendecidle porque os conceda la gracia de tener ocasión de mortificar vuestro amor propio y de honrar las mortificaciones y privaciones que Él soportó en la tierra.

Cuando sintáis algún gozo o consolación, devolvédselo al que es manantial de todo consuelo y decidle así: ¡Ah Señor, bastante gozo es para mí saber que sois Dios y que sois mi Dios! ¡Oh Jesús, sed siempre Jesús: es decir, siempre lleno de gloria, de grandeza y de felicidad y yo estaré siempre contento! ¡Oh Jesús mío. jamás permitáis que me goce en cosas del mundo, sino sólo en Vos. y haced que pueda deciros con la santa reina Ester: «Sabes que jamás he tenido contento sino en ti»[2].

---

[2] «Tu seis... quod nunquam laerata sit ancilla tua, ex quo huc translata sum usque in praesentem diem, nisi in te. Domine Deus Anraham». Esth.. XIV. 18.

CAPITULO 9

La perfección del desprendimiento cristiano

La perfección de la abnegación o desprendimiento cristiano no consiste solamente en estar desasido del mundo y de sí mismo; nos obliga también a despegarnos en cierto modo del mismo Dios. ¿No sabéis cómo Nuestro Señor, cuando todavía estaba en la tierra, aseguró a sus apóstoles que era conveniente que se separase de ellos y se fuera a su Padre para enviarles su Santo Espíritu? La razón de esto es, porque estaban pegados a la consolación sensible que les proporcionaba la presencia y el trato visible de su sagrada humanidad, lo cual era un impedimento para que viniera a ellos el Espíritu Santo. Tan necesario es estar despegados de todas las cosas, por santas y divinas que ellas sean, para vivir animados del espíritu de Jesucristo, que es el espíritu del cristianismo.

Por esto digo, que es preciso desprendernos en cierta manera hasta de Dios, es decir, de las dulzuras y consolaciones que van ordinariamente unidas a la gracia y al amor de Dios; de los deseos que tenemos de mayor perfección y amor de Dios; y aun del deseo que podemos tener de vernos libres de la cárcel de este cuerpo, para ver a Dios, para estar unidos q El con toda perfección y para amarle pura y eternamente. Por lo que, cuando Dios nos hace sentir las dulzuras de su bondad en nuestros ejercicios de piedad, debemos guardarnos mucho de no limitarnos a descansar en ellas y tomarlas afición, sino humillarnos al momento, creyéndonos indignos de todo consuelo y tomarlas a Él, estando dispuestos a ser despojados de ellas, y protestando que deseamos servirle y amarle, no por la consolación que Él da, sea en este mundo, sea en el otro, a los que le aman y le sirven, sino por el amor de sí mismo y por su propia felicidad.

Cuando concebimos algún buen propósito o realizamos alguna acción santa por la gloria de Dios, aunque hayamos de poner todos los medios posibles para llegar a su cumplimiento, debemos, no obstante, cuidarnos de aficionamos demasiado a ello; de tal suerte, que si por algún motivo nos vemos obligados a interrumpir o abandonar enteramente esta acción o propósito, no perdamos la paz y quietud de nuestro espíritu, sino que nos mantengamos contentos, en vista de la voluntad y permisión divinas que todas las cosas gobierna, y para quien todas ellas son igualmente amables».

De igual manera, aunque debemos poner cuanto está de nuestra parte para vencer nuestras pasiones, vicios c imperfecciones y para practicar con perfección toda clase de virtudes, debemos, no obstante, trabajar en ello, sin apego y sin excesiva complacencia; de suerte, que cuando no nos encontramos con tanta virtud y amor de Dios como desearíamos, permanezcamos en paz y sin inquietud, confundiéndonos porque ponemos en ello nuestro propio obstáculo, amando nuestra propia abyección, contentándonos con lo que al Señor pluguiere concedernos, perseverando siempre en el deseo de ir adelantando, y teniendo confianza en la bondad de Nuestro Señor que nos dará las gracias que necesitamos para servirle conforme a la perfección que pide de nosotros.

Asimismo, aunque debemos vivir con cierta esperanza, con cierto deseo y continuo desfallecimiento, teniendo delante la hora y el momento feliz que nos apartará de una vez de la tierra, del pecado y de toda imperfección y nos unirá perfectamente a Dios y a su puro amor: y aunque debamos trabajar con todas nuestras fuerzas para que se consuma la obra de Dios en nosotros, a fin de que. per-feccionada su obra cuanto antes en nosotros, nos recoja Él pronto dentro de sí, ha de ser, no obstante, este nuestro deseo sin apego ni inquietud: de suerte que si es del agrado de N. Señor que estemos aún muchos años privados de la visión dulcísima de su divino rostro, nos quedemos contentos, en vista de su amabilísima voluntad, aún cuando a Él le plugiera hacernos soportar tan dura privación hasta el día del juicio.

He aquí lo que yo llamo estar desprendido de Dios y en qué consiste el perfecto desprendimiento que todos los cristianos deben tener del mundo, de ellos mismos y de todas las cosas. ¡Oh. qué dulce cosa es, vivir de esta manera libre y desprendido de todo!

Se pensará, acaso, que es muy difícil llegar a esto: todo se nos hará fácil, si nos entregamos enteramente y sin reserva al Hijo de Dios y si ponemos nuestro apoyo y confianza, no en nuestras fuerzas y resoluciones, sino en lo inmenso de su bondad, en el poder de su gracia y de su amor. Porque, donde este divino amor se encuentra, todo se hace sumamente dulce. Es verdad que hay que hacernos mucha violencia a nosotros mismos y pasar muchas penas, amarguras, oscuridades y momificaciones: sin embargo, en los caminos del amor divino hay más miel que hiel, más dulzura que rigor.

¡Oh Salvador mío, qué gloria para Vos! ¡Qué satisfacción más íntima os proporcionan estas almas en quienes tan grandes cosas obráis, cuando avanzan llenas de valor y entusiasmo por esos caminos, abandonándolo lodo y desprendiéndose de lodo, hasta en cierta manera de Vos! ¡Con qué santidad os adueñáis de ellas! ¡Cuán admirbalemente las transformáis en Vos mismo, revistiéndolas de vuestras cualidades, de vuestro espíritu y de vuestro amor!

¡Qué contento y suavidad experimenta el alma que puede decir con toda verdad: Dios mió, heme aqui libre y desembarazado de todo! ¿Quién podrá ahora estorbarme amaros con toda perfección? Heme totalmente desprendida de todo lo terreno: atraedme ya en pos de Vos. ¡oh Jesús mió! «Trahe me post te. curemus in odorem unguentorum tuorum». De qué gran consuelo disfruta el alma que puede decir con la esposa: «Mi Amado es todo para mí, y yo soy toda de mi amado»[1] y con Jesús: «Todas mis cosas son tuyas, ¡oh Salvador mió! como las tuyas son mías»[2].

Entremos, pues, en grandísimos deseos de este santo desprendimiento, démonos enteramente y sin reserva a Jesús y supliquémosle que haga un alarde del poder de su brazo para romper nuestras ligaduras y desasimos totalmente del mundo, de nosotros mismos y de todas las cosas, a fin de que pueda Él obrar en nosotros sin impedimento alguno, cuanto Él desée para su gloria.

---

[1] «Dilectus meus mihi et ego illi». Can., II. 16.
[2] «Omnia mea tua sunt, et tua mea sunt». Joan., XVII. 10.

CAPITULO 10

Cuarto fundamento de la vida cristiana: la oración

El ejercicio santo de la oración debe colocarse entre los principales fundamentos de la vida cristiana, porque toda la vida de Jesucristo no fue sino una no interrumpida oración que debemos nosotros continuar y hacer patente en nuestra vida, como cosa tan importante y absolutamente necesaria, que ni la tierra que nos sostiene, ni el aire que respiramos, ni el pan que nos sustenta, ni el corazón que late en nuestro pecho son tan necesarios al hombre para vivir la vida humana, como lo es la oración a un cristiano para vivir cristianamente. La razón es:

Porque la vida cristiana, llamada por el Hijo de Dios vida eterna, consiste en conocer y amar a Dios[1]; y esta divina ciencia se aprende en la oración.

Porque, por nosotros mismos nada somos, nada podemos, no tenemos sino pobreza y nada. De aquí que tengamos una grandísima necesidad de acudir a Dios a

---

[1] «Haec est autem vita aeterna ut cognoscant te solum Deum verum, et quem misisti Jesum Christum». Joan., XVII, 3.

cada instante, por medio de la oración, para obtener de Él todo lo que nos falta.

La oración es una elevación respetuosa y amorosa de nuestro espíritu y de nuestro corazón a Dios. Es un dulce entretenimiento, una santa comunicación y una divina conversación del alma cristiana con su Dios, en la que le considera y contempla en sus divinas perfecciones, en sus misterios y en sus obras; le adora, le bendice, le ama, le glorifica, se entrega a Él, se humilla ante Él a la vista de sus pecados e ingratitudes, le suplica que tenga con él misericordia, aprende a hacerse semejante a Él imitando sus divinas virtudes y perfecciones; y, en fin, le pide cuanto necesita para servirle y amarle.

La oración es una participación de la vida de los ángeles y de los santos, de la vida de Jesucristo y de su santísima Madre, de la vida del mismo Dios y de las tres divinas Personas. Porque la vida de los ángeles, de los santos, de Jesucristo y de su santísima Madre no es otra cosa que un continuo ejercicio de oración y de contemplación, estando, como están, sin cesar ocupados en contemplar, glorificar y amar a Dios, y en pedirle para nosotros las cosas que necesitamos. Y la vida de las tres Personas divinas es una vida empleada eternamente en contemplarse, glorificarse y amarse las unas a las otras, que es lo que primera y principalmente se hace en la oración.

La oración es la felicidad perfecta, la dicha soberana y el verdadero paraíso que cabe en la tierra; toda vez que por este divino ejercicio el alma cristiana se une a Dios, que es su centro, su fin y su soberano bien. En la oración el alma posee a Dios y es de Él poseída; en ella le da cuenta de sus deberes, le rinde sus homenajes, sus adoraciones, sus amores, recibe de Él sus luces, sus bendiciones y mil testimonios del excesivo amor que por ella tiene. En ella, en fin, tiene Dios en nosotros sus delicias, según ésta su palabra: «Mis delicias son estar con los hijos de los hombres»[2], y nos hace conocer por experiencia que las verdaderas delicias y los perfectos goces están en Dios y que cien y aun mil años de los falsos placeres del mundo no equivalen a un momento de las verdaderas dulzuras que Dios hace gustar a las almas que ponen todo su contento en tratar con Él, por medio de la santa oración.

Es, en fin, la oración la acción y ocupación más digna, noble y elevada, la más grande c importante en la que podéis emplearos, puesto que es ocupación y empleo continuo de ángeles y santos, de la Santísima Virgen, de Jesucristo y de las tres santas Personas durante toda la eternidad. ocupación que ha de ser nuestro ejercicio perpetuo en el ciclo. Más aún, es la verdadera y propia función del hombre y del cristianismo, puesto que el hombre no ha sido creado sino para Dios, para estar en compañía de Él y el cristiano no está en la tierra sino para continuar lo que Jesucristo hizo, mientras estuvo en ella.

Por todo esto, yo os exhorto cuanto puedo y os requiero con todo encarecimiento a cuantos leáis estas líneas, que, ya que nuestro amabilísimo Jesús se digna tener sus delicias en estar y conversar con nosotros por medio de la santa oración, no le privéis de este su contentamiento: probad, más bien, cuánta verdad encierra lo que dice el Espíritu Santo: «Ni en su conversación tiene rastro de amargura, ni causa tedio su trato, sino antes bien consuelo y alegría»[3].

---

2 «Deliciae mae esse cum filiis hominum». Prov., VIII, 31.
3 «Non enim habet amaritudinem conversado illius, nec taedium eonvictus illius, sed aletitiam el gaudium». Sap., VIII. 16.

Mirad este negocio de la oración como el primero y principal, como el más necesario, urgente e importante de todos vuestros negocios, y libraos cuanto podáis de otros negocios menos necesarios, para que podáis dedicar a él el mayor tiempo posible, especialmente por la mañana, por la tarde y un poco antes de la comida, con algunos de los modos de orar que a continuación se exponen.

CAPITULO 11

Diversas maneras de orar y en primer lugar de la oración mental

Hay varias clases de oración, entre las cuales haré resaltar aquí cinco principales. La primera es la que se llama oración mental o interior, en la que el alma trata interiormente con Dios, tomando por materia de su conversación: alguna de sus divinas perfecciones, o algún misterio, virtud o palabra del Hijo de Dios, o lo que Él ha obrado y sigue obrando todavía, en el orden de la gloria, de la gracia y de la naturaleza, en su Santísima Madre, en sus Santos, en su Iglesia y en el mundo natural: empleando en primer lugar el entendimiento en considerar con suave y firme atención y aplicación de espíritu las verdades que se encuentran en la materia que se medita, capaces de excitarnos al amor de Dios y a la detestación de los pecados: aplicando, luego, el corazón y la voluntad a producir diversos actos y afectos de adoración, de alabanza, de amor, de humillación, de contrición, de oblación y de resolución de huir del mal y practicar el bien, y otros semejantes, según le sugiera el espíritu de Dios.

Es santo, útil y lleno de bendiciones este modo de orar que no puede explicarse con palabras. Si Dios os atrae hacia Él y os concede esa gracia, debéis agradecérselo mucho, como un grandísimo don que se os concede. Si aún no os lo ha concedido, suplicadle que os lo conceda y haced cuanto podáis de vuestra parte para corresponder a su gracia y para ejercitaros en esta santa oración que Dios mismo os enseñará mejor que todos los libros y doctores del mundo, si vais a postraros a sus pies con humildad, confianza y pureza de corazón.

CAPÍTULO 12

Segunda manera de orar: la oración vocal

La segunda manera de orar es la que lleva el nombre de vocal, la cual se ejecuta hablando a Dios con la boca, sea diciendo el oficio divino, o el santo rosario o cualquier otra plegaria vocal. Esta no es menos útil que la precedente, con tal que la lengua vaya a una con el corazón, es decir, que, hablando a Dios con la lengua, le habléis a la vez con el corazón, mediante la diligencia y aplicación de vuestro espíritu. De este modo vuestra oración será juntamente vocal y mental. Si, por el contrario, os acostumbráis a muchas oraciones vocales hechas por rutina y sin atención, saldréis de la presencia de Dios más disipados, más fríos y más flojos en el amor, que lo estabais antes.

Por esto os aconsejo que, exceptuando las de obligación, hagáis más bien pocas oraciones vocales; que tengáis la santa costumbre de hacerlas bien, con mucha atención y unión con Dios, ocupando vuestro espíritu y vuestro corazón, mientras habla vuestra lengua, en algunos pensamientos y afectos, acordándoos que debéis continuar la oración que Jesucristo hacía en la tierra, entregándoos para ello a Él, uniéndoos al amor, a la pureza y santidad y a la perfectísima atención con que Él oraba y rogándole que imprima en vosotros las disposiciones e intenciones santas y divinas con las que Él hacía su oración.

Podéis, asimismo, ofrecer vuestra oración a Dios en unión de todas las santas plegarias y divinas oraciones que han sido y serán hechas constantemente en el cielo y en la tierra, por la Santísima Virgen, por los ángeles, por todos los santos de la tierra y del cielo, uniéndoos al amor, a la devoción y atención con que ellos practicaron este divino ejercicio.

CAPITULO 13

Tercera manera de orar: practicar todas las obras con espíritu de oración

La tercera manera de orar es realizar cristiana y santamente todas nuestras acciones, aun las más pequeñas, ofreciéndolas a Nuestro Señor al comenzarlas, y elevando de vez en cuando nuestro corazón a Él, mientras las realizamos. Porque practicar así nuestras obras es practicarlas con espíritu de oración, es estar siempre en un continuo ejercicio de oración, siguiendo el mandamiento de Nuestro Señor que quiere «que oremos siempre y sin intermisión»[1]; es además un excelente y facilísimo modo de estar siempre en la presencia de Dios.

---

[1] «Oportet semper orare et non deficere». Luc., XVIII. 1. «Sine intermissione orate». 1. Thess., V, 17.

CAPITULO 14

Cuarta manera de orar: la lectura de los buenos libros

La cuarta manera de orar es por medio de la lectura de los buenos libros; leyéndolos, no de corrida y precipitadamente, sino despacio y con la debida aplicación de la mente a lo que leéis, deteniéndoos a considerar, rumiar, ponderar y gustar las verdades que más os conmuevan, a fin de imprimirlas en vuestro espíritu y sacar de ellas diversos actos y afectos, como se dijo en el capítulo de la oración mental.

Es este un ejercicio importantísimo y obra en el alma los mismos efectos que la oración mental. Por eso, una de las cosas que más os recomiendo es que no dejéis pasar ningún día sin leer media hora un libro santo. Mas, procurad, al comenzar vuestra lectura, entregar vuestro espíritu y vuestro corazón al Señor, suplicándole que os conceda la gracia de sacar de ella el fruto que Él os pida y que obre en nosotros por ella cuanto desee para su gloria.

CAPITULO 15

Quinta manera de orar, que es hablar de Dios; y cómo hay que hablar y oir hablar de Dios

Es también cosa muy útil y santa y que mucho suele inflamar las almas en el amor divino, hablar y conferenciar de vez en cuando familiarmente los unos con los otros de Dios y de las cosas divinas. En esto debieran los cristianos emplear su parte de tiempo; estos debieran ser sus discursos y entretenimientos ordinarios; en esto debieran hacer consistir su recreación y esparcimiento.

A ello nos exhorta el príncipe de los apóstoles, cuando nos dice: «El que habla, hágalo de modo que parezca que habla Dios por su boca»[1].

Porque, puesto que somos hijos de Dios, debemos gozarnos en hablar el lenguaje de nuestro Padre, que es un lenguaje santísimo, celestial y todo divino: y, ya que somos creados para el cielo, debemos comenzar desde la tierra a hablar el lenguaje del cielo. ¡Oh qué santo y delicioso

---

[1] «Si quis loquitur. quasi sermones Dei». I Pet., IV. 11.

lenguaje! ¡Qué dulce cosa es para un alma que ama a Dios sobre todas las cosas, hablar y oír hablar de lo que ella más ama en el mundo! ¡Oh qué gratos son estos santos entretenimientos a Aquél que ha dicho, que «donde dos o tres se hallen congregados en su nombre, allí se halla Él en medio de ellos!»[2]. ¡Qué diferente es este lenguaje del lenguaje ordinario del mundo! ¡Qué tiempo más santamente empleado, siempre que se reúnan las debidas disposiciones!

A este efecto, debemos seguir el ejemplo y las reglas que sobre esta materia nos da San Pablo, en estas palabras: «Hablamos, *como de parle de Dios,* en *la presencia de Dios,* y *según el espíritu de Jesucristo*»[3]; palabras que nos señalan las tres cosas que hemos de observar para hablar santamente de Dios.

La primera es, que hemos de hablar «como de parte de Dios», es decir, que hemos de sacar del corazón de Dios las cosas y palabras que tenemos que decir, entregándonos al Hijo de Dios, al dar comienzo a nuestras conversaciones espirituales, a fin de que Él ponga en nuestra mente y en nuestra boca las ideas y palabras que hemos de decir, para así poder decirle lo que Él dijo a su Padre: «Yo les di las palabras, o doctrina que tú me diste»[4].

La segunda cosa es, que hemos de hablar «en la presenda de Dios», es decir, con atención y aplicación a Dios que está presente en todas partes, y con espíritu de oración y recogimiento, entregándonos a Dios para hacer nuestros

---

[2] «Ubi enim sunt duo vel tres congregati in nomine meo, ibi sum in medio eorum». Math., 18.20.

[3] «Sicut ex Deo, coram Deo, in Christo loquimur». Cor.. II. 17.

[4] «Verba quae dedisti mihi dedi cis». Joan., I 7, 8.

59

los efectos de las cosas que decimos, o que oímos decir, haciendo de ello todo el uso que Él espera de nosotros.

La tercera es, que debemos hablar «en Jesucristo», es decir con las intenciones y disposiciones de Jesucristo, y como Jesucristo hablaba cuando estaba en la tierra, o como Él hablaría, si estuviese en nuestro lugar. Para esto, hemos de entregarnos a Él, y unirnos a las intenciones con que Él hablaba, cuando estaba en el mundo, que no se encaminaban a otro fin que a la pura gloria de su Padre, así como también a sus disposiciones que no eran otras que: humildad consigo mismo, dulzura y caridad para con los que hablaba, y amor y unión para con su Padre.

Si así lo hacemos, nuestros discursos y conversaciones le serán muy gratos, Él estará en medio de nosotros, tendrá entre nosotros sus delicias, y el tiempo que empleemos en estos santos entretenimientos, será tiempo de oración.

CAPITULO 16

De las disposiciones y cualidades que deben acompañar a la oración

Nos enseña el apóstol San Pablo que para hacer santamente todas nuestras acciones es preciso hacerlas en el nombre de Jesucristo; y el mismo Jesucristo nos asegura que «todo lo que pidiéramos a su Padre en su nombre, nos lo concederá». De aqui que para orar santamente y para alcanzar de Dios todo lo que le pedimos, haya que orar en el nombre de Jesucristo.

Pero ¿qué es orar en el nombre de Jesucristo? Es lo que hemos ya dicho como de pasada y lo que nunca diremos lo bastante, a fin de grabarlo bien en vuestra alma, como verdad importantísima y que os hará gran servicio en todos vuestros ejercicios. Es continuar la oración que Jesús hizo en la tierra. Porque, siendo los cristianos miembros de Jesucristo, siendo su cuerpo, como habla San Pablo, ocupan en la tierra el lugar de Jesucristo, representan a su persona, y, por consiguiente, cuanto hacen, deben hacerlo en su nombre, esto es, con espíritu, como él mimso lo hizo cuando estaba en el mundo, y como lo haría si estuviese actualmente en nuestro lugar; enteramente lo mismo que el embajador que representa la persona del rey y hace sus veces, debe obrar y hablar en nombre del rey, esto es, informado de su mismo espíritu, con las mismas disposiciones e intenciones que obraría y hablaría el mismo rey si estuviera presente. Así es como deben orar los cristianos. Para conseguirlo, acordáos cuando vais a orar, que vais a continuar la oración de Jesucristo y que la debéis continuar, orando como Él haría su oración, si estuviese en vuestro lugar, es decir, con aquellas disposiciones con que oró y continúa orando en el cielo y en nuestros altares, en los que está presente con un continuo ejercicio de oración a su Padre. A este fin, unios al amor, a la humildad, a la pureza y santidad, a la atención y a todas las disposiciones e intenciones santas con que Él ora.

Ahora bien, entre estas disposiciones hay sobre todo cuatro, con las que Él oró y nosotros debemos orar, si deseamos dar gloria a Dios con nuestra oración y alcanzar de Dios lo que le pedimos.

La primera disposición para la oración es: que debemos presentarnos delante de Dios con profunda humildad. reconociéndonos indignísimos de comparecer ante su presencia, de mirarle y de ser mirados y escuchados por Él y que no-sotros mismos no podemos tener pensamiento alguno bueno, ni realizar ningún acto que le sea agradable.

Por esta razón, hemos de anonadarnos a sus pies, entregarnos a Nuestro Señor Jesucristo y rogarle que Él nos anonade y permanezca entre nosotros, a fin de que sea Él quien ruegue y haga oración en nosotros, porque Él sólo es digno de presentarse ante su Padre, para glorificarle y amarle y para obtener de Él cuanto le pide.

Debemos, por consiguiente, pedir al Padre Eterno con completa confianza, todo lo que le pedimos en nombre de su Hijo, por los méritos de su Hijo, por su Hijo Jesús que está con nosotros.

La segunda disposición con que hemos de orar es: una respetuosa y amorosa confianza; creyendo, sin ningún género de duda, que cuanto pidamos para la gloria de Dios y nuestra salvación infaliblemente lo alcanzaremos; y las más de las veces con mayor resultado de lo que pretendemos. puesto que le pedimos, no afianzándonos en nuestros méritos o en la eficacia de nuestra plegaria, sino en el nombre de Jesucristo, por los méritos y súplicas de Jesucristo, por Jesucristo mismo, apoyados en su pura bondad y en la verdad de estas sus palabras: «Pedid y se os dará; cuanto pidiéreis al Padre en mi nombre os lo concederá»; y; «todas cuantas cosas pidiéreis en la oración, tened viva fe de conseguirlas y se os concederán sin falta»[1]. Porque, realmente, si Dios nos tratase conforme a nuestros méritos, nos arrojaría de su presencia y nos hundiría en el abismo, al presentarnos ante Él. Por esto, cuando nos concede alguna gracia, no hemos de pensar que se nos concede a nosotros o por nuestras súplica, sino que todo cuanto Él da, lo da a su Hijo Jesucristo y por la eficacia de su méritos y oraciones.

La tercera disposicón es: la pureza de intención, protestando ante Nuestro Señor, al comenzar la oración, que renunciamos a toda curiosidad de espíritu, a todo amor propio y que queremos practicar la oración, no por nuestra propia satisfacción y consuelo, sino buscando exclusivamente su gloria y su agrado, ya que Él se ha dignado, del mismo modo, cifrar sus delicias en tratar

---

[1] «Pelite et dabitur vobis». Luc., II. 9. «Si quid peticritis Patrem in nomine meo. dabit vobis». Joan. XVI. 23. «Omnia quaecumque orantes paites, credite quia accipietis et evenicnt vobis». Marc., II, 24.

y conversar con nosotros; protestando asimismo que en cuanto le pedimos queremos que todo ello vaya encaminado a este mismo fin.

La cuarta disposición que ha de acompañar a la perfecta oración debe ser: la perseverancia. Si deseáis glorificar a Dios con la oración, y alcanzar de su bondad cuanto le pedís, es preciso perseverar con fidelidad en este divino ejercicio. Son muchas las cosas que pedimos a Dios y no las alcanzamos, ni con una ni con tres peticiones: y es que quiere que le pidamos muchas veces buscando Él por este medio que nos mantengamos en la humildad, en el desprecio de nosotros mismos, y en el aprecio de sus gracias y agradándose en abandonarnos largo tiempo en un asunto que nos obligue a ir a Él, para, de este modo, poder estar frecuentemente, nosotros con Él y Él con nosotros. ¡Hasta tal punto nos ama, y tan cierta cosa es que tiene sus delicias en estar con nosotros!

Finalmente, y como complemento de toda santa disposición, cuando comencéis vuestra oración, entregad generosamente vuestro espíritu y vuestro corazón a Jesús y a su divino Espíritu, rogándole que ponga en vuestra mente y en vuestro corazón los pensamientos, sentimientos y afectos que Él desee, abandonándoos completamente a su santa dirección, para que os dirija como a Él le parezca en este divino ejercicio y esperando confiadamente en su inmensa bondad que os dirigirá como más os convenga y que os concederá cuanto le pidáis, o en la medida que le pedís, o sobre todos esos vuestros deseos.

SEGUNDA PARTE

Virtudes cristianas

Una vez expuestos los principales fundamentos de la vida cristiana, como son: la fe, el odio al pecado, el desprendimiento del mundo, de uno mismo y de todas las cosas y la oración; es necesario, además de esto, si deseáis vivir cristiana y santamente, o mejor dicho, si deseáis hacer vivir y reinar a Jesús en vosotros, que os ejercitéis con todo cuidado en la práctica de las virtudes cristianas que Nuestro Señor Jesucristo ejercitó mientras estuvo en el mundo. Porque, partiendo de que debemos continuar y completar la vida santa que Jesús llevó en la tierra, nos vemos en la obligación de continuar y completar las virtudes que en la tierra Él practicó.

Por esta razón y a fin de llegar a ello, expondremos aquí, en primer lugar, de una manera general, algo acerca de la excelencia de las virtudes cristianas y de la manera de practicarlas cristianamente; hablando después en particular, de algunas de las principales cuyo uso es más importante y necesario para la perfección y santidad de la vida cristiana.

CAPITULO 1

De la excelencia de las virtudes cristianas

Se encuentran muchas personas que estiman la virtud, la desean, la buscan y ponen gran cuidado y trabajo en adquirirla, y se ven, no obstante, muy pocas que estén adornadas de verdaderas y sólidas virtudes cristianas; de lo cual una de las causas principales parece ser. que en los caminos y adquisición de las virtudes, no tanto se guían por el espíritu del cristianismo como por el espíritu de los filósofos paganos, herejes y políticos; es decir, no según el espíritu de Jesucristo y de la divina gracia que Él nos ganó con su sangre, sino según el espíritu de la naturaleza y razón humana.

¿Queréis conocer la diferencia que existe entre estos dos espíritus, en lo que toca al ejercicio de las virtudes? La veréis en tres cosas.

Los que andan tras la virtud a estilo de los filósofos paganos, herejes y políticos, la miran simplemente con los ojos de la humana razón, la estiman como cosa en sí muy excelente y muy puesta en razón y necesaria para la perfección del hombre que por ella se distingue de las bestias que no tienen más guía que el sentido; y movidos por estas consideraciones, más humanas que cristianas, se animan a desear y adquirir la virtud.

Persuádense los tales que podrán adquirir la virtud por sus propios esfuerzos; a fuerza de cuidados, de vigilancia, de consideraciones y prácticas; en lo cual, engáñanse sobremanera, sin tener en cuenta que, sin la divina gracia, nos es imposible practicar el menor acto de virtud cristiana.

Aman la virtud y se esfuerzan por adquirirla, no tanto por Dios y para su gloria cuanto para ellos mismos; por su propia gloria, interés y satisfacción y para pasar por más excelentes y perfectos, que es el modo que tienen los paganos, herejes y políticos de desear y buscar la virtud. Los demonios mismos la desean de esta manera, porque, encontrándose llenos de orgullo, ambicionan todo aquello que puede hacerles más honrados y distinguidos.

Por esto querrían tener la virtud, por ser cosa muy noble y excelente; pero no para ser agradable a Dios, sino por espíritu de orgullo y de propia excelencia.

Por el contrario, los que se conducen según el espíritu y la gracia de Jesucristo, en la práctica de la virtud:

La miran, no sólo en sí misma, sino en su origen y manantial, en Jesucristo que es la fuente de toda gracia, que contiene de un modo eminente y en sumo grado toda clase de virtudes y en quien alcanza la virtud un mérito y una excelencia infinitos. Porque, siendo santo, divino y adorable todo lo que hay en Jesús, la virtud en Él se santifica y deifica, siendo, por lo tanto, digna de alabanza y adoración infinitas. Por esta razón, si consideramos la virtud en Jesucristo, esta consideración será infinitamente más poderosa para llevarnos a estimarla, amarla y buscarla. que si sólo la mirásemos según la excelencia que tiene en sí misma y atendiendo a la estima que le dan la razón y el espíritu humanos.

Los que en la práctica de las virtudes se guian por el espíritu del cristianismo, saben muy bien que, por ellos mismos no pueden practicar el menor acto de virtud; que, si Dios se apartase un momento de ellos, caerían al momento en el abismo de toda clase de vicios; que, siendo la virtud puro don de la misericordia de Dios, es preciso pedírsela con confianza y perseverancia. Por esto piden instante y continuamente a Dios las virtudes que necesitan, sin cansarse jamás de pedírselas; y, hecho esto, ponen de su parte cuanto cuidado, vigilancia y trabajo les es posible para ejercitarse en ellas.

Así y todo, guárdanse mucho de confiar y afianzarse en manera alguna en sus cuidados y vigilancias, en sus ejercicios y prácticas, en sus deseos y resoluciones, como tampoco en la oración, que por esta causa dirigen a Dios; ellos lo esperan todo de la pura bondad de Dios y para nada se inquietan cuando no ven en ellos las virtudes que desean... Y, en vez de turbarse y desanimarse, permanecen en paz y humildad delante de Dios, reconociendo: que de ellos es la falta e infidelidad y que, si Dios les tratase como lo merecen, no sólo no les concedería nada de lo que le piden, sino que les despojaría de las incesantes gracias hasta el presente concedidas; reconociendo asimismo, que harto favor les hace con no desecharles y abandonarles por completo. Todo lo cual, enciende en ellos nuevo fuego de amor y una nueva confianza en tan infinita bondad, juntamente con un ardientísimo deseo de buscar por toda suerte de medios las virtudes que necesitan para servirle y glorificarle.

Desean éstos la virtud y se esfuerzan por practicar con frecuencia actos internos y externos de amor a Dios, de caridad para con el prójimo, de paciencia, de obediencia, de humildad, de mortificación y demás virtudes cristianas, no por ellos, por su propio interés, satisfacción o recompensa, sino por el agrado e interés de Dios, para hacerse semejantes a su cabeza que es Jesucristo, para glorificarle y para continuar el ejercicio de las virtudes que Él practicó en la tierra, en lo cual, propiamente consiste la virtud cristiana. Porque, como la vida cristiana no es otra cosa que una continuación de la vida de Jesucristo, así las virtudes cristianas son una continuación y complemento de las virtudes de Jesucristo.

Y es preciso practicar las virtudes cristianas con el mismo espíritu, por los mismos motivos e intenciones con que Jesucristo las practicó, de suerte que la humildad cristiana sea realmente una continuación de la humildad de Jesucristo, la caridad cristiana una continuación de la caridad de Jesucristo y así en todas las demás virtudes.

Juzgad por aquí cuánto más santas y excelentes son las virtudes cristianas que las virtudes llamadas morales[1], virtudes propias de paganos, herejes y falsos católicos. Porque estas virtudes morales no son sino virtudes humanas y naturales, virtudes fingidas y aparentes, faltas de base y de solidez, puesto que no se apoyan más que en la fragilidad del espíritu y de la razón humana y sobre la arena movediza del amor propio y de la vanidad. Mas

---

[1] Asi llamaban, en tiempo del Santo, algunos escritores a las virtudes puramente naturales, sin relación alguna con el mérito y la vida eterna: o. mejor, a las mal llamadas virtudes de los mundanos. Los doctores católicos entienden comunmente por virtud moral: la virtud infusa, sobrenatural c informada por la caridad. (Nota del Traductor).

las virtudes cristianas son verdaderas y sólidas virtudes, virtudes divinas y sobrenaturales; son, en una palabra, las virtudes mismas de Jesucristo, de las que necesitamos vivir revestidos y las que Jesucristo comunica a los que se unen a Él, a cuantos se las piden con humildad y confianza y se esfuerzan, a la vez, por practicarlas como Él las practicó.

CAPITULO 2

De la excelencia, necesidad e importancia de la humildad cristiana

Si albergáis en vuestras almas un verdadero y deliberado propósito de vivir cristiana y santamente, uno de vuestros mayores y principales cuidados debe ser, fundaros bien, con toda seriedad, en la humildad cristiana: porque no hay virtud más necesaria e importante que ésta.

Es la virtud que Nuestro Señor más instante y cuidadosamente nos recomienda, en aquellas divinas y amorosas palabras que debemos recordarlas con frecuencia y repetirlas con todo amor y respeto: «Aprended de mí, que soy manso y humilde de corazón; y hallaréis el reposo para vuestras almas». Es la virtud que San Pablo llama la virtud de Jesucristo por excelencia. Es la virtud propia y peculiar de los cristianos, sin la cual es imposible ser verdaderamente tal cristiano. Es el fundamento de la vida y santidad cristiana. Es la guarda de las demás virtudes. Es ella, la que obtiene para nuestras almas toda clase de bendiciones: porque el gloriosísimo y humildísimo Jesús ha cifrado su descanso y sus delicias en las almas humildes, según esta su palabra: «¿En quién pondré yo mis ojos (para hacer en él mi morada y mi descanso) sino en el pobrecito y contrito de corazón, y que oye con respetuoso temor mis palabras?»[1].

Esta es la virtud, que a una con el amor divino, hace santos, y grandes santos: porque la verdadera medida de la santidad es la humildad. Dadme un alma que sea verdaderamente humilde y diré de ella que es verdaderamente muy santa; si es muy humilde, la llamaré muy santa: si es humildísima, diré que es santísima, que está adornada de toda clase de virtudes, que es Dios muy glorificado en ella, que Jesús mora en semejante alma como en su tesoro y en el paraíso de sus delicias, y, añadiré, que ella será muy grande y a gran altura elevada en el reino de Dios, puesto que es palabra de la Eterna Verdad «que quien se humilla será ensalzado»[2].

Por el contrario, alma sin humildad es alma sin virtud, es un infierno, es la morada de los demonios, y el abismo de toda clase de vicios.

Puede, en fin, decirse, en cierta manera, que la humildad es la madre de Jesús, ya que por ella la Santísima Virgen se ha hecho digna de llevarle en su seno. También por esta virtud nos haremos nosotros dignos de formarle en nuestras almas de hacerle vivir y reinar en nuestros corazones. Por esto, debemos, cueste lo que cueste, amar, desear y buscar esta santa virtud.

En vista de lo dicho, me extenderé en esta materia un poco más que en las demás.

---

[1] «Ad quem respiciam, nisi ad pauperculum et contritum spiritu, et trementem sermones meos». Is., LXVI, 2.
[2] «Qui se humiliaverit exaltabitur». Matth., XXII, 12.

CAPITULO 3

De la humildad de espíritu

Hay dos clases de humildad: humildad de espíritu y de corazón; las dos a una, forman la perfección de la humildad cristiana.

La humildad de espíritu es un profundo conocimiento de lo que realmente somos a los ojos de Dios. Porque, para conocernos bien, es preciso que nos miremos, no por lo que parecemos a los ojos y al juicio engañoso de los hombres, de la vanidad y de la presunción de nuestro espíritu, sino según somos a los ojos y al juicio de Dios. A este efecto, es preciso mirarnos a la luz y en la verdad de Dios, por medio de la fe.

Ahora bien, si nos miramos a esta luz y con estos divinos ojos, veremos;

1. Que, en cuanto hombres, no somos más que tierra, polvo, corrupción y nada; que nada tenemos, podemos, ni somos por nosotros mismos. Porque, como quiera que la criatura ha salido de la nada, no es nada, ni por ella misma puede ni tiene nada.

2. Que, como hijos de Adán y como pecadores, nacidos en pecado original, somos enemigos de Dios, esclavos del

demonio, objeto de abominación del cielo y de la tierra, de nosotros mismos y por nuestra virtud incapaces de hacer bien alguno y de evitar ningún mal; que no tenemos más camino, si queremos salvarnos, que el de renunciar a Adán y a todo lo que de él traemos, a nosotros mismos, a nuestro propio espíritu, a nuestras propias fuerzas, para entregarnos a Jesucristo y hacernos con su espíritu y su virtud.

Divina certeza entraña lo que Él nos dice: «que no podemos librarnos de la esclavitud del pecado sino por Él[(1)]; que sin Él nada podemos hacer[(2)]; que después que hubiéremos hecho todas las cosas, hemos de decir con toda verdad, que somos siervos inútiles»[(3)]. Y lo que nos dice San Pablo: «que no somos capaces por nosotros mismos para concebir algún buen pensamiento, como de nosotros mismos, sino que toda nuestra suficiencia o capacidad viene de Dios»[(4)]; y «que no podemos confesar que Jesús es el Señor sino por el Espíritu Santo»[(5)]. Lo cual proviene no sólo de la criatura que de sí misma nada es y nada puede, sino de la atadura que tenemos al pecado; porque somos nacidos de Adán que nos ha engendrado, sí, pero en su condenación; que ciertamente nos ha dado la naturaleza y la vida, pero con ella el imperio y la tiranía del

---

[1] «Responderunt ei: Semen Abrahae sumus, et nemini servivimus unquam: quomodo tu dicis: Liberi eritis? Respondit ei Jesus: Amen dico vobis. quia omnis qui facit peccatum servus est peccati. Si ergo vos Filius libera verit, vere liberi eritis. Joan., VIII, 33-36.

[2] Sine me nihil potestis facere. Joan., XV, 5.

[3] «Quum feceritis omnia quee praecepta sunt vobis, dicite: servi inutiles sumus: quod debuimus facere, fecimus». Luc., XVII, 10.

[4] «Non quod sufficientes simus cogitare aliquid a nobis, quasi ex nobis, sed sufficientia nostra ex Deo est». II Cor., III, 5.

[5] «Ncmo potest dicere Dominus Jesus, nisi in Spiritu Sancto». I Cor., XII, 3.

pecado, como él mismo lo tuvo después de su culpa; no pudiéndonos engendrar libres, siendo él esclavo; ni damos la gracia y amistad de Dios, habiéndola él perdido. De suerte que, por justisimo juicio de Dios, llevamos todos este yugo de iniquidad que la Escritura llama «el reinado de la muerte»[6], que no nos deja practicar obras de libertad y de vida, es decir, obras de verdadera libertad y vida, cual es la de los hijos de Dios, sino tan solo obras de esclavitud y de muerte, obras privadas de la gracia de Dios, de su justicia y santidad.

¡Oh qué grande es nuestra miseria c indignidad, que el más pequeño pensamiento de servir a Dios y hasta el mero poder presentarnos ante Dios, fue preciso que el Hijo de Dios nos comprara con su sangre!

Pero, no es esto todo: Si bien nos miramos a la luz de Dios, veremos que, como pecadores e hijos de Adán, no merecemos existir ni vivir, ni que la tierra nos so.-tenga, ni que Dios piense en nosotros, ni aun de que se tome el cuidado de ejercitar su justicia en nosotros, como, con tanta razón como admiración, lo dice el santo Job: «¿Y tú te dignas abrir tus ojos sobre un ser semejante, y citarle a juicio contigo?»[7].

Veremos, si así nos miramos, que es gran favor el que Dios nos hace con soportarnos en su presencia y permitir que la tierra nos sostenga; y que, si Él no hiciera un milagro, todo contribuiría a nuestra ruina y perdición. Porque el pecado tiene eso de suyo propio, que apartándonos a nosotros de la obediencia de Dios, nos priva de todos nuestros derechos; por consiguiente,

---

6 Regnavil mors ab Adam usque ad Moysem... Unius delicto mors regnavit». Rom., V, 14-17.

7

ser y vida, cuerpo y alma, sentidos y potencias, por doble razón, no nos pertenecen: el sol no nos debe ya su luz, ni los astros su influencia, ni la tierra su sostenimiento, ni el aire la respiración, ni los demás elementos sus cualidades, ni las plantas sus frutos, ni los animales su servicio; sino, más bien, todas las criaturas deberían hacernos la guerra y emplear todas sus fuerzas contra nosotros, puesto que nosotros empleamos las nuestras contra Dios, a fin de vengar la injuria que hacemos a su Criador; la venganza que el mundo entero al fin de los siglos desplegará contra los pecadores, debiera descargarse a diario contra nosotros, cuando cometemos nuevos pecados; Dios podría muy justamente, en castigo de uno solo de nuestros pecados, despojarnos del ser y de la vida, de cuantas gracias temporales y espirituales nos ha concedido y descargar sobre nosotros toda clase de castigos.

Veremos también, que, de nostros mismos, en cuanto pecadores, somos otros tantos demonios encarnados, otros tantos Anticristos[8], no teniendo nada en nosotros, de nosotros mismos, que no sea contrario a Jesucristo: que llevamos con nosotros un demonio, un Lucifer, un Anticristo, a saber, nuestra propia voluntad, nuestro orgullo y nuestro amor propio, que son peores que todos los demonios, que Lucifer y que el Anticristo, porque todo lo que tienen de malicia los demonios. Lucifer y el Anticristo lo sacan de prestado de la propia voluntad, del orgullo y del amor propio; veremos que de nosotros mismos no somos otra cosa que un infierno con toda clase de maldiciones, pecados y abominaciones; que tenemos en nosotros, como en principio y semilla, todos los pecados de la tierra y del

---

8

infierno: siendo, como es, la corrupción que el pecado original nos ha transmitido, raíz y manantial de toda clase de pecados, según estas palabras del Profeta-Rey: «Mira, pues, que fui concebido en iniquidad, y que mi madre me concibió en pecado»[9]; que, en su consecuencia, si Dios no nos llevase continuamente en los brazos de su misericordia, y no hiciese como un continuo milagro para librarnos de caer en el pecado, nos precipitaríamos a cada instante en un abismo de toda clase de iniquidades; veríamos, en fin, que somos cosa tan horrible y espantosa, que si pudiéramos vernos como Dios nos ve, no nos podríamos soportar a nosotros mismos. Así leemos de una santa, que pidiendo a Dios le diese el conocimiento de ella misma y siendo por Él escuchada, se vio tan horrible que exclamó: «Basta, Señor, que de lo contrario desfallezco». Y el Padre Maestro Avila dice haber conocido a una persona que, habiendo hecho a Dios esta misma oración, se vio tan abominable que comenzó a exclamar a grandes gritos: «Señor, yo os suplico con toda instancia por vuestra misericordia que me quitéis este espejo de mis ojos; ya no tengo curiosidad de ver mi imagen».

Y, después de todo esto, ¡tener alta estima de nosotros mismos, pensar que somos y merecemos algo!

Y, después de esto, ¡amar la grandeza y buscar la vanidad y complacerse en el aprecio y alabanzas de los hombres!

¡Oh singular fenómeno, ver que criaturas tan mezquinas y miserables como nosotros quieran encumbrarse y enorgullecerse! ¡Oh con cuánta razón el Espíritu Santo nos atestigua, hablándonos por el Eclesiástico: «que

---

[9] «Ecee enim in iniquitatibus conceptus sum et in peccatis concepit me mater mea». Ps., L, 7.

aborrece y le es sumamente enfadoso el proceder del pobre soberbio»!(10).

Porque, si es insoportable el orgullo en cualquiera, ¿cómo lo deberá ser en aquél a quien su pobreza le obliga a una extrema humildad? Es, sin embargo, vicio común a todos los hombres, quienes, por grandes prendas que aparezcan tener a los ojos del mundo, llevan con ellos mismos el estigma de su infamia, esto es, la condición de pecadores que debe mantenerles en grandísimo abatimiento ante Dios y ante todas las criaturas.

Y, sin embargo, ¡oh deplorable desgracia! transfórmanos el pecado en tan viles e infames y no queremos reconocer nuestra miseria, semejantes en esto a Satanás que, por el pecado que le domina, es la más indigna de las criaturas, y es, con todo, tan sobebrio que rehúsa aceptar su ignominia. Esto es lo que hace que Dios aborrezca tanto el orgullo y la vanidad: hácesele extremamente insoportable ver que cosa tan baja e indigna quiera encumbrarse. Y, particularmente, recordando que Él, que es el todo y la misma grandeza, se abatió hasta la nada, y viendo que, después de esto, la nada quiere ensalzarse... ¡Ah, esto le es más que insoportable!

Si deseáis, pues, agradar a Dios y servirle con perfección, estudiad con empeño esta divina ciencia del propio conocimiento; grabad bien en vuestro espíritu las verdades arriba dichas, meditadlas frecuentemente delante de Dios y pedid todos los días a Nuestro Señor que os las imprima bien en vuestras almas.

---

10 «Tres species odivit anima mea. et aggravor valde animae illorum: pauperem superbum: divitem mendacem: senem fatuum et insensatum. Tres especies de personas aborrece mi alma, y su proceder me es sumamente enfadoso. El pobre soberbio, el rico mentiroso, el viejo fatuo e imprudente». Eccli., XXV. 3-4.

Notad con todo, que si bien es verdad que comobre, hijo de Adán y pecador, sois tal como os acabo de describir, sin embargo, considerado como hijo de Dios y miembro de Jesucristo, si estáis en su gracia, tenéis en vosotros un ser y una vida nobilísima y sublime y poseéis un tesoro infinitamente rico y precioso. Notad, asimismo, que aunque la humildad de espíritu deba haceros conocer lo que sois por vosotros mismos y en Adán, no debe ocultaros lo que sois en Jesucristo y por Jesucristo, y no os obliga a ignorar las gracias que Dios os ha hecho por su Hijo; lo contrario seria una falsa humildad; aunque sí os obliga a reconocer que todo lo que tenéis de bueno os viene de la purísima misericordia de Dios, sin que lo hayáis vosotros merecido. He aquí en qué consiste la humildad de espíritu.

CAPITULO 4

De la humildad de corazón

No basta tener la humildad de espíritu que nos hace conocer nuestra miseria e indignidad. La humildad de espíritu sin la humildad de corazón es una humildad diabólica: los diablos, que no tienen humildad de corazón, tienen humildad de espíritu, porque conocen muy bien su indignidad y maldición. Por esto, hemos de aprender de nuestro divino Doctor Jesús, a ser humildes, no sólo de espíritu sino también de corazón.

La humildad de corazón consiste: en amar nuestra bajeza y abyección, en alegrarnos de ser pequeños, abyectos y despreciables, en tratamos nosotros y celebrar que los demás nos traten como tales, en no excusarnos y justificarnos sin gran necesidad, en no quejamos jamás de nadie, teniendo bien presente que llevando en nosotros el manantial de todo mal, merecemos toda clase de reprobación y malos tratos, en amar y abrazarnos de todo corazón a los desprecios, humillaciones y oprobios y a cuanto pueda rebajarnos. Y esto, por dos razones:

Porque a nosotros nos toca toda clase de desprecios y desestimas y que todas las criaturas nos persigan y pisoteen; sin que merezca la pena de que se molesten por nosotros.

Porque debemos amar lo que tanto amó el Hijo de Dios, y poner nuestro centro y nuestro paraíso, en esta vida, en las cosas que Él escogió para glorificar a su Padre, a saber, en los desprecios y humillaciones de que estuvo llena toda su vida.

La humildad de corazón, además, no consiste solamente en amar las humillaciones, sino en odiar y abominar toda grandeza y vanidad, según este divino oráculo salido de la boca sagrada del Hijo de Dios, que os suplico lo meditéis bien y lo grabéis fuertemente en vuestro espíritu: «Lo que parece sublime a los ojos humanos, a los de Dios es abominable»[1]. He dicho toda grandeza, porque no basta despreciar las grandezas temporales y aborrecer la vanidad y estima de las humanas alabanzas, sino que debemos aborrecer más aún la vanidad que puede proceder de las cosas espirituales y temer y huir de todo lo que sobresale y se presenta extraordinario a los ojos de los hombres en la práctica de la piedad, como visiones éxtasis, revelaciones, don de hacer milagros y cosas semejantes. Y, no sólo no hemos de desear, ni pedir a Dios estas gracias extraordinarias, más aún, si el alma reconociese que el Señor le brinda con alguna de estas cosas extraordinarias, debería retirarse al fondo de su alma, juzgándose harto indigno de estos favores y suplicarle que, en lugar de esa, le otorgase alguna otra gracia menos ostentosa y más conforme a la vida oculta y de desprecios que Él llevó en la tierra. Porque Nuestro Señor se agrada en colmarnos, en un exceso de su

---

[1] «Quod hominibus altum est, abominatio est apud Deum». Luc., 16. 15.

bondad, de sus gracias ordinarias y extraordinarias, mas, se place sobremanera, en que nosotros, por un verdadero sentimiento de nuestra indignidad, y por el deseo de hacernos semejantes a Él en su humildad, huyamos de todo aquello que es grande a los ojos de los hombres. Y, quien no se encuentre en esta disposición, dará lugar a muchos engaños e ilusiones del espíritu de vanidad.

Notad, no obstante, que hablo aquí de cosas extraordinarias, y no de las acciones comunes y ordinarias de todos los verdaderos servidores y siervos de Dios, como comulgar con frecuencia, postrarse ante Dios mañana y tarde para ofrecerle los trabajos, acompañar al Santísimo Sacramento por la calle, cuando se lleva a un enfermo, mortificar la carne por medio del ayuno, de la disciplina o de alguna otra penitencia, rezar el rosario, hacer oración en la iglesia, en casa o por el camino, visitar y servir a los pobres y encarcelados, o hacer cualquiera otra obra de piedad.

Guardaos bien de querer omitir el ejercicio de tales acciones bajo el pretexto de una falsa humildad; no sea que lo omitáis, por verdadera flojedad.

Si el respeto humano o el descrédito del mundo se oponen a lo que debéis a Dios, debéis dominarlos, acordándoos de que no habéis de avergonzaros, sino tener a mucha gloria el ser cristianos, realizar acciones de cristiano y servir y glorificar a vuestro Dios ante los hombres y a la faz de todo el mundo. Pero, si es el temor de la vanidad y de la vana apariencia de una humildad postiza lo que quiere impediros practicar las susodichas acciones, debéis rechazarlo, protestando a Nuestro Señor que nada queréis hacer sino por su pura gloria y considerando que todas estas obras son tan comunes a todos los verdaderos siervos de Dios y que deberían ser tan frecuentes en todos los cristianos que no hay lugar a vanidad en cosa que tantos practican y que todo el mundo debiera practicar.

Yo bien sé que Nuestro Señor Jesucristo nos enseña a ayunar, a dar limosna y a orar en secreto; pero San Gregorio el Grande nos declara que esto se entiende de la intención y no de la acción[2]; es decir: que Nuestro Señor Jesucristo no exige que no hagamos esas acciones u otras semejantes, en público y ante los hombres, porque dice en otra parte: «Brille así vuestra luz ante los hombres de manera que vean vuestras buenas obras y glorifiquen a vuestro Padre que está en los cielos»[3]; lo que quiere es que nuestra intención sea secreta y oculta, es decir: que en las acciones exteriores y públicas que hacemos, tengamos en nuestro corazón la intención de hacerlas, no por agradar a los hombres o para captarnos su vano aplauso, sino para agradar a Dios y buscar su gloria.

En fin, la verdadera humildad de corazón que Nuestro Señor Jesucristo quiere que aprendamos de Él y que es la perfecta humildad cristiana, consiste en ser humilde como Jesucristo lo fue en la tierra; es decir: en aborrecer todo espíritu de grandeza y de vanidad, en amar los desprecios y la abyección, en escoger siempre en todas las cosas lo más vil y humillante, y en estar en disposición de ser humillados hasta el punto en que Jesucristo se humilló, en su encarnación, en su vida, en su pasión y en su muerte.

---

2 «Hoc autem dico, non ut proximi. Opera nostra bona non videant... sed ut per hoc quod agimus, laudes exterius non quaeramus». Homil. XI in Evang.
3 «Sic luceat lux vestra coram hominibus, ut videant opera vestra bona, et glorificent Patrem vestrum qui in coelis est». Math., V, 16.

En su encarnación, «se anonadó a sí mismo, como habla San Pablo, tomando la naturaleza de siervo»[4]; quiso nacer en un establo, se sujetó a las debilidades y necesidades de la infancia, y se redujo a mil otras humillaciones. En su pasión. Él mismo dice «que es un gusano y no un hombre; el oprobio de los hombres y el desecho de la plebe»[5]; carga con la cólera y el juicio de su Padre, cuya severidad es tan grande que le hace sudar sangre, y en tal abundancia que queda con ella regada la tierra del Huerto de los Olivos. Como Él mismo lo asegura[6], se entrega al poder de las tinieblas, es decir, de los diablos, quienes, por medio de los judíos por ellos poseídos y de Pilato y Herodes conducidos por el infierno, le hacen sufrir todos los vilipendios del mundo. La sabiduría increada es tratada por los soldados y por Herodes como un maniquí. Es azotado y puesto en cruz como un esclavo y un ladrón. Dios, que debiera ser su recurso, le abandona y le mira como si Él sólo hubiera cometido todos los crímenes del mundo. Y en fin, para hablar el lenguaje de su Apóstol, «se ha hecho por nosotros objeto de maldición»[7], más aún ¡oh extraño y espantoso envilecimiento! ha sido hecho pecado por el poder y la justicia de Dios; porque mirad cómo habla San Pablo: «Dios le hizo pecado por nosotros»[8]; es decir, que no sólo cargó con las confusiones y abatimientos que merecen los

---

[4] «Exinanivit semetipsum formam servi accipiens». Philip., II, 7.

[5] «Ego autem sum vermis, et non homo: opprobrium hominum et abjectio plebis». Ps., XXI, 7.

[6] «Haec est hora vestra et potestas tenebrarum». Luc. XXII. 53.

[7] «Christus nos redemit de maledicto legis, factus pro nobis maledictum». Gal., III, 13.

[8] «Deus eum pro nobis peccatum fecit». Dios por amor de nosotros ha tratado a Aquel que no conocia el pecado, somo si hubiese sido el pecado mismo. II Cor., V. 2 1.

pecadores, sino también con todas las ignominias e infamias que son debidas al pecado mismo, constituyéndose en el estado más vil e ignominioso a que Dios puede reducir al mayor de sus enemigos. ¡Qué humillación para un Dios, para el Hijo único de Dios y soberano Señor del universo, verse reducido a semejante estado! ¡Oh Jesús, ¿es posible que améis tanto al hombre, que por su amor, hasta este punto os anonadéis? ¡Oh hombre! ¿cómo puede ser que todavía te envanezcas, viendo a tu Dios tan abatido por tu amor? ¡Oh Salvador mío, sea yo humillado y anonadado con Vos, entienda yo de una vez los sentimientos de vuestra profundísima humildad y esté dispuesto a soportar todas las confusiones y abatimientos que son debidas al pecador y al pecado mismo!

En esto consiste la perfecta humildad cristiana, en estar dispuesto no sólo a querer ser tratado como lo merece un pecador, sino a soportar, además, todas las ignominias y vilipendios debidas al pecado mismo, puesto que Jesucristo, nuestra cabeza, el Santo de los Santos, la misma santidad, los soportó y nosotros no merecemos otra cosa, no siendo de nosotros mismos más que pecado y maldición. Si estas verdades quedaran bien grabadas en nuestro espíritu, estimaríamos que tenemos sobrado motivo para exclamar y decir con frecuencia con Santa Gertrudis: «Señor, uno de los mayores milagros que hacéis en el mundo, es permitir que la tierra me sostenga».

CAPITULO 5

Práctica de la humildad cristiana

Siendo la humildad cristiana tan importante y necesaria, como se ha dicho, debéis buscar toda clase de medios para fundaros bien en esta virtud.

A este fin, os ruego nuevamente que leáis y releáis con frecuencia y que consideréis y ponderéis con toda atención las verdades que acabo de proponeros, hablando de la humildad de espíritu y de la humildad de corazón, y las que, además, trato de proponeros aquí; que pidáis asimismo a Nuestro Señor que os las imprima en vuestro espíritu, y que lleve a vuestros corazones los efectos y sentimientos de tan necesaria virtud.

Porque no se trata sólo de que conozcáis de una manera general y superficial que sois nada, que no tenéis poder alguno para obrar el bien y evitar el mal, que «todo don perfecto viene de arriba, del Padre de las luces»[1], y que toda buena obra nos viene de Dios por su Hijo; es necesario, además, que os fundéis con toda solidez en un

---

[1] «Omne datum optimum el omne donum perfectum desursum est, descendens a Patre luminum». Jac., I. 17.

profundo conocimiento y vivo sentimiento de vuestra esclavitud bajo la ley del pecado, de vuestra inutilidad, incapacidad e indignidad para el servicio de Dios, de vuestra insuficiencia para todo bien, de vuestra nada, de vuestra extrema indigencia y de la apremiante necesidad que tenéis de Jesucristo y de su gracia.

Por esta razón, debéis invocar incesantemente a vuestro Libertador y recurrir, a cada instante, a su gracia, afianzándoos tan sólo en su virtud y bondad.

Permite Dios a veces que trabajemos largo tiempo por vencer alguna pasión y aseguramos en alguna virtud, y que no avancemos mucho en lo que pretendemos, para que reconozcamos por propia experiencia lo que por nosotros mismos somos y podemos, y para ello nos obligue a buscar fuera de nosotros, en Nuestro Señor Jesucritso, el poder servir a Dios. Dios no quiso dar al mundo a su Hijo, sino después que el mundo lo deseó durante cuatro mil años, y experimentó, por espacio de dos mil, que no podía observar su ley, ni librarse del pecado, y que sentía la necesidad de un espíritu y de una fuerza nueva para resistir el mal y practicar el bien; haciéndonos ver bien con esto, que para darnos su gracia, quiere que, antes, reconozcamos mucho nuestra miseria[2].

Siguiendo esta verdad, debéis cada día reconocer ante Dios vuestra miseria, tal como Dios la ve, y renunciar a Adán y a vosotros mismos, ya que no sólo él sino también vosotros habéis pecado, pactando con el diablo y con el pecado. Renunciad, pues, enteramente a vosotros mismos, a vuestro propio espíritu, a todo el poder y capacidad que podáis sentir dentro de vosotros. Porque todo el poder que

---

[2] Cf. S. Thom., 3.a: 1.5.

Adán ha dejado en la naturaleza del hombre, no es más que impotencia; el sentimiento que de ello pudiéramos tener no es sino ilusión, presunción y falsa opinión de nosotros mismos; y jamás nosotros tendremos verdadero poder y libertad perfecta para el bien, si no es renunciando a nosotros mismos y saliendo de nosotros mismos y de todo lo que es nuestro, para vivir en el espíritu y en la virtud de Jesucristo.

Como consecuencia de esta renuncia, adorad a Jesucristo, entregáos enteramente a Él y rogadle que, puesto que con su sangre y por su muerte ha adquirido los derechos de los pecadores, tome en vosotros los de Adán, que son los vuestros, y que quiera vivir en vosotros en lugar de Adán, desposeyéndoos de vuestra naturaleza para apropiarse Él de cuanto sois y de todos vuestros actos. Protestad que queréis poner en sus manos todo lo que sois y que deseáis salir de vuestro propio espíritu, que es espíritu de orgullo y vanidad, y de todas vuestras intenciones, inclinaciones y disposiciones, para no vivir más que de su espíritu, con sus intenciones, inclinaciones y disposiciones divinas y adorables.

Suplicadle que por su grandísima misericordia, os saque de vosotros mismos como de un infierno, y ponga en Él vuestro lugar, afirmándoos bien en el espíritu de humildad, y esto no por vuestro interés o satisfacción, sino por su agrado y para su gloria. Pedidle también que despliegue todo su divino poder para destruir en vosotros vuestro orgullo, y que no cuente con vuestra flaqueza para establecer en vosotros su gloria por medio de una perfecta humildad. Y acordándoos de que de vosotros mismos, en cuanto pecador sois un demonio encamado, un Lucifer y un Anticristo, por razón del pecado, del orgullo y del amor propio que queda siempre en cada uno de nosotros, como arriba se dijo, ponéos con frecuencia, especialmente al comenzar el día, a los pies de Jesús y de María, diciendo así:

¡Oh Jesús, oh Madre de Jesús! sujetad bien a este miserable demonio debajo de vuestros pies, aplastad a esta serpiente, haced morir a este Anticristo con el aliento de vuestra boca, atad a este Lucifer, para que nada haga contra vuestra santa gloria.

No pretendo, sin embargo, que todos los días digáis delante de Dios estas cosas tal como aquí quedan expuestas, sino un día de una manera y otro de otra, según al Señor pluguiere dároslo a gustar.

Cuando concibáis deseos y resoluciones de ser humildes, formalizadlos, entregándoos al Hijo de Dios para poder cumplirlos, diciendo:

«Yo me entrego a Vos, oh Jesús, para hacerme con vuestro espíritu de humildad; quiero pasar con Vos todos los días de mi vida en esta santa virtud. Invoco sobre mí el poder de vuestro espíritu de humildad, a fin de que mi orgullo sea destruido y me mantenga yo con Vos en humildad. Os ofrezco las ocasiones de humildad que se me presenten en la vida; bendecidlas, si os place. Renuncio a mí mismo y a cuantas cosas puedan estorbarme participar de la gracia de vuestra humildad».

Mas no confiéis en vuestras resoluciones, ni en esta súplica que acabáis de practicar; esperadlo solamente de la pura bondad de Nuestro Señor Jesucristo.

Lo mismo podéis practicar en todas las demás virtudes y santas intenciones que abriguéis para presentarlas a Dios. De esta manera, todas ellas irán fundadas, no en vosotros mismos, sino en Nuestro Señor Jesucristo y en la gracia y misericordia de Dios sobre vosotros.

Cuando presentemos a Dios nuestros deseos e intenciones de servirle, debemos hacerlo con la profunda convicción de que no lo podemos ni lo merecemos; que si Dios hiciese justicia, no nos permitiría ni pensar en ello, y que si Dios nos sufre en su presencia y nos permite esperar de Él la gracia de servirle, es por su inmensa bondad y por los méritos y la sangre de su Hijo.

Cuando faltamos a nuestros propósitos, no debemos admirarnos de ello; porque somos pecadores y Dios no nos debe su gracia. «Bien conozco, dice San Pablo, que nada de bueno hay en mí, quiero decir en mi carne. Pues aunque hallo en mí la voluntad para hacer el bien, no hallo cómo cumplirlas[3].

Por esto, debemos tender a la virtud con sumisión a Dios; debemos desear su gracia y pedírsela, pero admirarnos de que nos la conceda; cuando caemos, adorar su juicio sobre nosotros, sin desanimarnos, antes humillándonos y perseverando siempre en entregarnos a Él, porque nos aguanta en su presencia y nos concede el pensamiento de quererle servir. Y, aún cuando después de mucho trabajo. Dios no nos concediera sino un solo pensamiento bueno, deberíamos reconocer que ni aún eso lo merecemos, y estimarlo en tanto que con ello nos diéramos por bien recompensados por todo nuestro sentimiento. ¡Ay, si los condenados, después de mil años de infierno, pudieran tener un solo pensamiento de Dios de buena gana lo tuvieran!

---

[3] «Scio enim quia non habitat in me, hoc est in carne mea, bonum, Nam velle, adjacet mihi: perficere autem bonum, non invenio». Rom., VII, 18.

El diablo rabia porque jamás lo tendrá; mira él el bien como cosa excelente que su orgullo desea, pero se ve privado de él porque lleva consigo la maldición. Nosotros somos pecadores como los condenados y no hay otra cosa que de ello nos separe sino la misericordia que Dios nos tuvo, la cual nos obliga a estimar sus dones y a darnos por contentos con los que Dios nos dé; porque, por pequeños que ellos sean, siempre son más de lo que merecemos. Penetremos con todo cuidado y hasta lo más íntimo en este espíritu de humilde reconocimiento de nuestra indignidad, que por este medio nos haremos con mil bendiciones de Dios para nuestras almas, y Él será muy glorificado en nosotros.

Cuando Dios os conceda algún favor para vosotros o para el prójimo, no lo atribuyáis a la virtud de vuestras plegarias, sino a su pura misericordia.

Si, en las obras buenas que Dios os concede la gracia de practicar, sentís cierta vana complacencia o algún espíritu de vanidad, humillaos delante de Dios, acordándoos de que todo bien viene de sólo Dios y que de vosotros no puede salir sino toda clase de males; y que tenéis muchos más motivos para temer y humillaros, en vista de las muchas faltas e imperfecciones con que practicáis vuestras obras, que no para ensoberbeceros y encumbraros ante el poco bien que obráis, que ni siquiera es vuestro.

Si se os desprecia y vitupera, tomadlo como cosa que bien os pertenece y en honor de los desprecios y calumnias del Hijo de Dios. Si se os confiere algún honor, o si se os tributan alabanzas y bendiciones, referídselo a Dios, guardándoos mucho de apropiároslo o descansar en ello, temiendo no sea ésta la recompensa de vuestras buenas acciones y que caiga sobre vosotros el efecto de estas palabras del Hijo de Dios: «¡Ay de vosotros cuando los hombres mundanos os aplaudieren! que así lo hacían sus padres con los falsos profetas»[4]. Palabras que nos enseñan a mirar y a temer las alabanzas y bendiciones del mundo, no sólo como cosa que no es más que viento, humo e ilusión, sino además como verdadera desgracia y maldición.

Ejercitáos de buena gana en acciones bajas y humildes y que os proporcionan alguna abyección, a fin de mortificar vuestro orgullo; mas cuidad de hacerlas con espíritu de humildad y con los sentimientos y disposiciones interiores que pide la acción que realizáis.

En suma, grabad bien en vuestra alma estas palabras del Espíritu Santo, y llevadlas a la práctica con todo cuidado y diligencia: «Cuando fueres más grande, tanto más debes humillarte en todas las cosas, y hallarás gracia en el acatamiento de Dios: porque Dios es Él solo grande en poder, y Él es honrado de los humildes»[5].

---

[4] «Vae cum benedixerint vobis homines: secundum haec enim faciebant pseudoprophetis patres eorum». Luc., VI. 26.

[5] «Quanto magnus es. humilia te in omnibus, et coram Deo invenies gratiam: quoniam magna potentia Dei solius, et ab humilibus honorator». Eccli. III. 20.

CAPITULO 6

De la confianza y abandono en las manos de Dios

La humildad es la madre de la confianza; porque viéndonos desprovistos de todo bien, de toda virtud, de todo poder y capacidad para servir a Dios, y dándonos cuenta de que somos un verdadero infierno lleno de toda suerte de males, nos vemos obligados a no apoyarnos en nosotros mismos ni en cuanto tenemos de nosotros, antes de salir de nosotros como quien sale de un infierno para entrar dentro de Jesús como en nuestro paraíso donde encontremos con toda abundancia lo que nos falta en nosotros, apoyándonos y confiando en Él como en quien el Padre Eterno nos ha dado para ser nuestra redención, nuestra justicia, nuestra virtud, nuestra fuerza, nuestra vida y nuestro todo. A todo esto Jesús nos conduce, cuando con tanto amor como eficacia nos convida a ir a Él con confianza, diciéndonos: «Venid a mí todos los que andáis agobiados con trabajos y cargas, que yo os aliviaré»[1], y

---

[1] «Venite ad me omnes qui laboratis et onerati estis, et ego reficiam vos». Math., XI, 28.

asegurándonos «que no desechará a todos los que vinieren a Él»[2].

Y, a fin de obligarnos a entrar en esta confianza, nos dice en diversos lugares de sus santas Escrituras: «Maldito sea el hombre que confía en otro hombre, y no en Dios, y se apoya en un brazo de carne miserable, y aparta del Señor su corazón; al contrario, bienaventurado el varón que tiene puesta en el Señor su confianza, y cuya esperanza es el Señor»[3]. «El Señor me pastorea, nada me faltará. Él me ha colocado en lugar de pastos»[4]. «He aquí los ojos del Señor puestos en los que le temen, y en los que confían en su misericordia»[5]. «Bueno es el Señor para los que esperan en Él»[6]. «Al que tiene puesta en el Señor su esperanza, la misericordia le servirá de muralla»[7]. «El Señor estará a tu lado, y guiará tus pasos a fin de que no seas presa de los impíos»[8]. «Dios es mi defensa, en Él esperaré; es mi escudo y el apoyo de mi salvación; escudo es de todos los que en Él esperan»[9]. «Es el protector de cuantos ponen en Él su esperanza»[10]. «Tú los esconderás donde está

---

[2] «Eum qui venit ad me, non ejiciam foras». Joan., VI. 37.

[3] «Maledictus homo qui confidir in homine, et ponit carnem brachium suum. et a Domino recedit cor ejus... Benedictus vir qui confidit in Domino, et erit Dominus fiducia ejus». (Jer., XVII. 5-7.

[4] «Dominus regit me et nihil mihi deerit: in loco pascuae ibi me collocavit». Ps., XXII, 1-2.

[5] «Ecce oculi Domini super metuentes eum: et in eis qui sperant super misericordia ejus». Ps., 32-18.

[6] «Bonus est Dominus sperantibus in eum». Thrc., III, 25.

[7] «Sperantem in Domino misericordia circundabit». Ps., XXXI, 10.

[8] «Dominus enim erit in latere tuo et custodiet pedem tuum ne capiaris». Pro., 3-26.

[9] «Deus fortis meus spcrabo in eum: scutum meum, et cornu salutis meae: elevator meus, et refugium meum... Scutum est omnium sperantium inse». II Reg., XXII, 3,31.

[10] «Protector est omnium sperantium in se». Ps., XVII, 31.

escondido tu rostro; preservándolos de los alborotos de los hombres, Pondráslo en tu tabernáculo, a cubierto de las lenguas maldicientes»[11]. «Ya que ha esperado en mí yo le libraré: yo le protegeré, pues ha conocido, o adorado, mi nombre»[12]. «¡Oh cuán grande es, Señor, la abundancia de la dulzura que tienes reservada para los que te temen! Tú la has comunicado abundantemente, a vista de los hijos de los hombres, a aquéllos que tienen puesta en ti su esperanza».[13] «Alégrense todos aquellos que ponen en ti su esperanza: se regocijarán eternamente, y tú morarás en ellos».[14] «Venga, oh Señor, tu misericordia sobre nosotros, conforme esperamos en ti»[15]. «Los que confían en Él, entenderán la verdad»[16]. «No perecerán los que en Él esperan»[17]. «Quien tiene tal esperanza en Él, se santificará a sí mismo, así como Él es también santo»[18]. «Ninguno que confió en el Señor, quedó burlado»[19]. «Todo cuanto

---

[11] «Abscondes eos in abscondito facici tuac a conturbatione hominum; proteges eos in tabernaculo tuo a contradilione linguarum» Ps., XXX. 21.

[12] «Quoniam in me speravit, liberabo eum: protegam eum, quoniam cognovit nomen meum». Ps., XV, 14-15.

[13] «Quan magna multitudo dulcedinis tuae. Domine, quam abscondisti timentibus te». Ps., XXX, 20.

[14] «Qui sperant in te, in aeternum exultabunt, et habitabis in eis». Ps., V, 12.

[15] «Fiat misericordia tua, Domine, super nos, quemadmodum speravimus in te». XXXII, 22.

[16] «Qui confidunt in illo, intelligent veritatem». Sap., III, 9.

[17] «Et non delinquent omnes qui sperant in eo». Ps., XXXIII. 23.

[18] «Et omnis qui habet hanc spem in eo, sanctifícat se, sicut et ille sanctus est». I Joan, III. 3.

[19] «Nullus speravit in Domino et confusus est». Eccli., 2. II.

pidiéreis en la oración, como tengáis fe, lo alcanzaréis»[20]. «Si tú puedes creer, todo es posible para el que cree»[21].

Si tratara de traer aquí todos los demás textos de la divina Palabra, en los que Dios nos recomienda la virtud de la confianza, ardua y prolija sería la tarea. Parece no poder satisfacerse Dios nunca de testimoniarnos, en mil lugares de la Escritura Santa, cuán querida y grata le es esta santa virtud, y cuánto ama y favorece a los que se confían y abandonan por completo al paternal cuidado de su divina providencia.

Leemos en el libro tercero de las «Insinuaciones de la divina piedad», de Santa Gertrudis, que Nuestro Señor Jesucristo dijo un día a esta gran santa, que la confianza filial es el ojo de la esposa, del que habla el Esposo divino en el «Cantar de los Cantares»: «Heriste mi corazón, oh hermana mía. Esposa amada, heriste mi corazón con uno de tus ojos, es decir, con una sola mirada tuya»[22]. Dice a este propósito Santa Gertrudis: «Aquél me traspasa el corazón con una flecha de amor, dice Jesús, que tiene en mí segura confianza; a quien puedo, sé y quiero asistirle fielmente en todo; confianza que hace tal violencia en mi piedad que de ninguna manera puedo ausentarme de ella»[23].

Y, en el «Libro de la Gracia Especial», de Santa Matilde, encontramos que el mismo Jesús le habló de esta manera: «Me agrada sobremanera que los hombres confíen en mi

[20] «Et omnia quaecunque peticritis in oratione crcdentes, accipietis». Math., XXI. 22.
[21] «Si potes credere, omnia possibilia sunt credenti». Mar., IX, 22.
[22] «Vulneratis cor mcum soror mea sponsa. vulnerasti cor meum in uno oculorim tuorum». IV, 9.
[23] «Legatus divina e pietatis». L. 3 c 7.

bondad y se apoyen en mí. Porque a quien mucho confía en mí lleno de humildad, en esta vida le favoreceré y en la otra le premiaré más de lo que merece. Cuanto más uno se fíe de mí y se valga de mi bondad, tanto más conseguirá; porque es imposible que el hombre no perciba todo aquello que cree y espera. Es, por lo tanto, sumamente útil al hombre confiar en mí, en espera de grandes cosas». Y a la misma Santa Matilde, que preguntó a Dios qué debería creer principalmente de su inefable bondad, le respondió: «Debes creer con segura esperanza que después de la muerte te recibiré como un padre a su hijo amadísimo, y que jamás padre alguno con más afecto y fidelidad ha distribuido sus bienes a su único hijo, como yo te entregaré a mí mismo y todos mis bienes»

CAPITULO 7

Más sobre la confianza

Nuestro dulcísimo y amabilísimo Salvador, a fin de afianzarnos más en esta sagrada confianza, toma, en orden a nosotros, los nombres y cualidades más dulces y amorosas que pueden darse. Se llama, y es en efecto, nuestro amigo, nuestro abogado, nuestro médico, nuestro pastor, nuestro hermano, nuestra alma, nuestro espíritu y el Esposo de nuestras almas; y nos llama sus ovejas, sus hermanos, sus hijos, su porción, su herencia, su alma, su corazón y a nuestras almas sus esposas.

Nos asegura, en diversos lugares de sus Santas Escrituras, que tiene de nosotros continuo cuidado y vigilancia[1]; que Él mismo nos lleva y nos llevará siempre en su corazón y en sus entrañas; y no se contenta con decirnos una o dos veces que así nos lleva, sino que lo dice y repite hasta cinco veces en un mismo lugar[2]; nos dice, en otra parte:

---

[1] «Cui (Deo) cura est de omnibus». Sap., XII. 13.- «lpsi (Deo) cura est de vobis». I Pet., V. 7.

[2] «Audite me, domus Jacob, qui portamini a meo Utero, qui gestamini a mea vulva. Usque ad senectam ego ipse, et usque ad canos ego portabo: ego feci et ego feram: ego portabo et salvabo». Isai., XWI, 3-4.

que aunque hubiera madre que se olvidara del hijo que llevó en su seno. Él, no obstante, jamás se olvidará de nosotros, que nos lleva grabados en sus manos para poder tenernos siempre delante de sus ojos[3]; que quien nos toca a nosotros, toca en las niñas de sus ojos[4]; que no andemos acongojados por el alimento y el vestido, que bien sabe Él la necesidad que de esas cosas tenemos[5]; que hasta los cabellos de nuestra cabeza están todos contados y que ni uno de ellos se perderá[6]; que como Él ama a su Padre, su Padre nos ama, y que Él nos ama, como su Padre a Él le ama[7]; que donde Él está, quiere que nosotros estemos, es decir, que descansemos con Él en el seno y en el corazón de su Padre[8]; que quiere sentarnos con Él en su trono[9]; y, en una palabra, que todos seamos una misma cosa hasta ser consumados en la unidad con Él y con su Padre[10].

Si le hemos ofendido, nos promete que volviendo a Él con humildad, arrepentimiento, confianza en su bondad y resolución de apartarnos del pecado, nos recibirá, nos

---

[3] «Numquid oblivisci potest mulier infantem suum, ut non misereatur filio uleri sui, et si illa oblita fuerit, ego tamen non obliviscar tui. Ecce in manibus meis descripsi te». Is., XLIX, 15-17.

[4] «Qui enim estigerit vos, tangit pupillam oculi mei». Zach., 2-8.

[5] «Nolite ergo solliciti essem dicentes: quid manducabimus, aut quid bibemus, aut quo operiemur Scil enim Pater vester, quia his omnibus indigetis». Math., VI. 31-33.

[6] «Vestri autem capilli capitis omnes numerat sunt»., Marth., X, 30. «Et capillus de capite vestro non peribit». Luc., XXI, 18.

[7] «Pater juste... dilcctio qua dilexisti me, in ipsis sit». Joan, XVII, 26. «Sicut dilexit me pater et ego dilexi vos». Joan. XV. 9.

[8] «Pater, quos dedisti mihi, volo ut ubi sum ego et illi sint mecum». Joan, XVII. 24.

[9] «Qui vicerit, dabo ei sederc mecum in throno meo». Apoc., III, 21.

[10] «Ut omnes unum sint. sicut tu pater in me et ego in te, ut et ipsi in nobis unum sint... sint unum sicut et nos unum sumus. Ego in eis, et tu in me; ut sint consummati in unum». Joan, XVII, 21-23.

abrazará, olvidará todos nuestros pecados y nos revestirá de la vestidura de su gracia y de su amor, de la que habíamos sido despojados por culpa nuestra.

Por consiguiente, ¿quién no tendrá confianza y no se abandonará enteramente al cuidado y dirección de un amigo, de un hermano, de un padre, de un esposo que cuenta con una sabiduría infinita para conocer lo que nos es más ventajoso, para prever todo lo que pueda acontecemos, y para escoger los medios más conducentes a nuestra verdadera felicidad; así como con bondad extrema para proporcionamos toda clase de bienes, junto con un inmenso poder para desviar el mal que nos puede llegar y hacemos el bien que Él quiere procurarnos?

Y, para que no penséis que sus palabras y sus promesas quedan sin efecto, ved algo de lo que Él hizo y sufrió por vosotros, en su encamación, en su vida, en su pasión y en su muerte; y lo que todos los días sigue haciendo en el Santísimo Sacramento de la Eucaristía; cómo, por vuestro amor bajó del cielo a la tierra; cómo se humilló y anonadó hasta querer ser niño, nacer en un establo, sujetarse a todas las miserias y necesidades de una vida humana, pasible y mortal; cómo empleó por vosotros todo su tiempo, todos sus pensamientos, palabras y obras; cómo entregó su santísimo cuerpo a Pilato, a los verdugos y a la cruz; cómo dio su vida y derramó hasta la última gota de su sangre; cómo os entrega, y con tanta frecuencia, en la sagrada Eucaristía, su cuerpo, su sangre, su alma, su divinidad, todos sus tesoros, todo lo que Él es y cuanto de más caro y precioso Él posee. ¡Oh bondad, oh amor, oh buenísimo y amabilísimo Jesús! «Confíen en ti, los que conocen y adoran tu dulcísimo y santísimo nombre» [11], que no es sino amor y bondad, porque vos sois todo amor, todo bondad y todo misericordia. Mas, no me extraña que haya pocos que confíen totalmente en vos, porque son pocos los que se dedican a conocer y ponderar los efectos de vuestra infinita bondad. ¡Oh Salvador mío, hay que confesar que somos unos miserables, si no confiamos en vuestra bondad, después de habernos hecho conocer tantos testimonios de vuestro amor. Porque, si tanto habéis hecho y sufrido y cosas tan grandes nos habéis dado, a pesar de nuestra desconfianza, ¿qué haríais y qué nos daríais, si fuésemos a Vos con humildad y confianza?

Entremos, pues, en grandes deseos de afianzamos bien en esta divina virtud; nada temamos, antes cobremos mucho ánimo para formar grandes proyectos de servir y amar perfecta y santamente a nuestro adorabilísimo y amadísimo Jesús, y para emprender grandes cosas por su divina gloria, conforme al poder y la gracia que de Él nos vendrá. Porque, si bien es verdad que nada podemos de nosotros mismos, todo lo podemos en Él y nunca nos faltará su ayuda si confiamos en su bondad.

Pongamos en sus manos y abandonemos totalmente a los paternales cuidados de su divina Providencia todo lo concerniente al cuerpo, al alma, a las cosas temporales y espirituales, a nuestra salud, a nuestra reputación, a nuestros bienes y negocios, a las personas que nos guían, a nuestros pecados pasados, al adelantamiento de nuestras almas en los caminos de la virtud y de su amor, lo tocante a nuestra vida, a nuestra muerte, a nuestra misma salvación y a nuestra eternidad, y en general, todas las cosas, confiando en su

---

[11] «Et sperent in te qui noverunt nomen tuum». Ps., IX, 11.

pura bondad que Él tendrá cuidado particular de todo, y dispondrá de todas las cosas de la mejor manera posible.

Guardémonos bien de confiar, ni en el poder o favor de nuestros amigos, ni en nuestros bienes, ni en nuestro espíritu, ni en nuestra ciencia, ni en nuestras fuerzas, ni en nuestros buenos deseos y resoluciones, ni en nuestras oraciones, ni aun en la confianza que sentimos tener en Dios, ni en medios humanos o en cosa alguna creada, sino en la sola misericordia de Dios. No es que no hayamos de poner en juego todas estas cosas dichas, y aportar de nuestra parte todo cuanto podamos para vencer los vicios, para ejercitarnos en la virtud y para proseguir y perfeccionar los asuntos que Dios ha puesto en nuestras manos y cumplir las obligaciones propias de nuestra condición y estado; mas debemos renunciar a todo apoyo y a toda confianza que pudiéramos tener en esas cosas, y descansar sólo en la pura bondad de Nuestro Señor. De suerte que, de nuestra parte, debemos poner tanto cuidado y trabajar de tal manera, como si nada esperáramos de parte de Dios; y, por el contrario, de tal manera desconfiar de nuestro cuidado y trabajo, como si nada en absoluto hiciéramos; esperándolo todo de la pura misericordia de Dios.

A esto nos exhorta el Espíritu Santo cuando dice por boca del Profeta Rey: expón al Señor tu situación, y confía en Él; y Él obrará»[12]. Y en otro lugar: «Arroja en el seno del Señor tus ansiedades, y Él te sustentará»[13]. Y hablando por el Príncipe de los apóstoles nos advierte: «que descarguemos en su amoroso seno todas nuestras

---

[12] «Revela Domino viam tuam, et spera in eo. et ipse faciet». Ps. XXXVI. 5.
[13] «Jacta super Dominum euram tuam, el ipse te enutriet». Ps. LIV. 23.

solicitudes, pues Él tiene cuidado de nosotros»[14]; que es lo que N. Señor dijo a Santa Catalina de Sena. «Hija mía, olvídate de ti y piensa en mí, y yo pensaré continuamente en ti».

Tomad esta enseñanza para vosotros. Poned vuestro cuidado principal en evitar todo lo que desagrada a N. Señor, en servirle y amarle con perfección, y Él lo convertirá todo, hasta vuestras faltas, en provecho vuestro.

Acostumbraos a hacer frecuentes actos de confianza en Dios, pero, particularmente, cuando os veáis acometidos de pensamientos o sentimientos de temor y desconfianza, sea por vuestros pecados pasados, sea por cualquier otro motivo. Elevad prontamente vuestro corazón a Jesús y decidle con el Real Profeta: «En ti, oh Dios mío, tengo puesta mi confianza: no quedaré avergonzado». «Ni se burlarán de mí mis enemigos; porque ninguno que espere en ti quedará confundido». «Oh Señor, en Ti tengo puesta mi esperanza: no quede yo para siempre confundido». «Tú eres el Dios mío en quien esperaré». «El Señor es mi sostén, no temo nada de cuanto puede hacerme el hombre». «El Señor está de mi parte; yo despreciaré a mis enemigos». «Mejor es confiar en el Señor, que confiar en el hombre». «Aunque caminase yo por medio de la somrba de la muerte, no temeré ningún desastre; porque tú estás

---

14 «Omnem sollicitudinem vestram projicientes in eum, quoniam ipsi cura este de vobis». 1 Pet. V, 7.

conmigo»[15]. Y, con el profeta Isaías; «He aquí que Dios es el Salvador mío; viviré lleno de confianza, y no temeré[16].

Otras veces con el Santo Job: «Aún dado que el Señor me quitara la vida, en Él esperaré»[17].

Y, con aquel pobrecito del evangelio: «Oh Señor, yo creo; ayuda tú mi incredulidad: fortalece mi confianza»[18].

O también con los santos Apóstoles: «Señor, auméntanos la fe»[19].

O bien, decid así: ¡Oh buen Jesús, en vos sólo he puesto toda mi confianza! ¡Oh fortaleza mía y mi único refugio, haced de mí lo que os plazca, que me entrego y abandono enteramente a vos! ¡Oh mi dulce amor y mi amada esperanza, pongo en vuestras manos y os sacrifico mi ser, mi vida, mi alma, y todo lo que me pertenece, a fin de que dispongáis de ello, en el tiempo y en la eternidad, como más os agarade para vuestra gloria!

En fin, la confianza es un don de Dios que sigue a la humildad y al amor; por lo que debéis pedírsela a Dios y Él os la concederá. Esforzaos por practicar todas vuestras acciones con espíritu de humildad y puramente por amor de Dios, y pronto gustaréis la dulzura y la paz que acompañan a la virtud de la confianza.

---

15 «Deus meus in te confido, non erubescan» (PS., XXIV, 2. «neque irrideant me inimiei mei, etenim universi qui sustinent te. non confundentur»..PS., XXIV, 3. - «In te, Domini, speravi, non confundar in actcrnum». Ps., XXX, 2. - «Deus meus, sperabo in euym». «Dominus mihi adjutor non timebo quid faciat mihi homo». Ps., CXVII, 6. - «Dominus mihi adjutor. et ego despieiam inimicos meos». Ps., CXVII, 7. - «Bonum est confidere in Domino quam confidere in homine». Ps., CXVII, 8. - «Et si ambulavero in medio umbrae mortis, non timcbo mala, quoniam tu mecum es». Ps., XXII, 4.

16 «Ecce Deus salvator meus, fiducialiter agam et non timebo». Is., XII, **2**.

17 «Etiam si occiderit me, in ipso sperabo». Job. XIII, 15.

18 «Credo, Domine, adjuva incredulitatem meam». Mar., IX. 23.

19 «Domine, adauge nobis fidem». Luc., XVII. 5.

CAPITULO 8

De la sumisión y obediencia cristiana

La sumisión continua que hemos de tener a la voluntad santa de Dios es la virtud más universal y cuyo ejercicio debe sernos más frecuente y ordinario; porque a cada paso se nos presentan ocasiones de renunciar a nuestra propia voluntad, para someternos a la de Dios, la que siempre se conoce con suma facilidad.

Ha querido Dios que las cosas que nos son sumamente necesarias las podamos facilísimamente encontrar. Por ejemplo: el sol, el aire, el agua y demás elementos son absolutamente necesarios para la vida natural del hombre; por eso los vemos que son para todos y que están al alcance de todo el mundo. De igual manera, puestos por Dios en este mundo únicamente para hacer su voluntad, y mediante esto, salvamos, es de todo punto necesario que podamos conocer fácilmente la voluntad de Dios en todas las cosas que hemos de hacer. Por eso Él nos la ha puesto tan fácil de ser conocida, manifestándonosla por cinco medios principales, muy seguros y evidentes: 1) Por sus mandamientos. 2) Por sus consejos. 3) Por las leyes, reglas y obligaciones de cada estado. 4) Por las personas que tienen autoridad para dirigirnos. 5) Por los acontecimientos; puesto que cuantas cosas acontecen en la vida llevan la señal inconfundible de que Dios así lo quiere, o con voluntad absoluta o con voluntad de permisión. De suerte que, a poco que abramos los ojos de la fe, nos será muy fácil a cada instante y en toda ocasión, conocer la santísima voluntad de Dios, conocimiento que nos conducirá a amarla y a someternos a ella.

Y, a fin de asegurarnos bien en esta sumisión, es necesario grabar indeleblemente en nuestras almas cuatro verdades que nos enseña la fe:

1. Que la misma fe que nos enseña que no hay más que un solo Dios que ha creado todas las cosas, nos obliga a creer que este gran Dios las ordena y gobierna a todas sin excepción, sea con voluntad absoluta, sea con voluntad de permisión: que nada se hace en el mundo que no vaya sujeto al orden de su divina dirección y no pase por las manos de su voluntad absoluta o por las de su permisión, que son como dos brazos de su Providencia, con los que todas las cosas gobierna[1].

Que Dios nada quiere ni permite sino para su mayor gloria; y que, de hecho, saca Él su mayor gloria de todas las cosas. Es cosa muy evidente que, siendo Dios el creador y gobernador del mundo, habiendo hecho todas las cosas para sí mismo, teniendo por su gloria un celo infinito, y siendo infinitamente sabio y poderoso para saber y poder encaminar todas las cosas a este fin, no quiera ni permita que nada de cuanto ocurre en el mundo tenga otro fin que su mayor gloria; así como el bien de los que le aman y se someten a sus divinas oraciones, porque nos dice su Apóstol que «todas las cosas contribuyen al bien de los que

---

[1] «Tue, Pater, providentia gubernat». Sap., XIV, 3.

aman a Dios»[2]. De suerte, que si quisiéramos amar a Dios y, en toda ocasión, adorar su santísima voluntad, todas las cosas redundarían en nuestro mayor bien; que esto se haga sólo depende de nosotros.

Que la voluntad de Dios, absoluta o de permisión, es infinitamente santa, justa, adorable y amable y que, igualmente, merece ser infinitamente adorada, amada y glorificada en todas las cosas, cualesquiera que ellas sean.

Que Nuestro Señor Jesucristo, desde el primer momento de su vida y de su entrada en el mundo, hizo profesión de no hacer jamás su voluntad sino la de su Padre, según el testimonio auténtico de San Pablo, escribiendo a los Hebreos: «Jesús, entrando en el mundo, dice a su Eterno Padre: héme aquí que vengo; según está escrito de mí al principio del libro, o escritura sagrada, para cumplir, oh Dios, tu voluntad»[3]; y conforme a lo que Él mismo dice después: «He descendido del cielo, no para hacer mi voluntad, sino la voluntad de Aquél que me ha enviado»[4]. Y jamás la hizo; antes por santa, deífica y adorable que fuese su voluntad, la abandonó y, en cierto sentido, la anonadó, para seguir la de su Padre, diciéndole incesantemente y en todas las cosas, lo que le dijo la víspera de su muerte, en el Huerto de los Olivos: «Padre, no se haga mi voluntad sino la tuya»[5].

Si meditamos bien estas verdades, encontraremos una gran facilidad para sometemos en todas las cosas a la

---

[2] «Diligentibus Deum omnia cooperantur in bonum». Rom., VIII. 28.
[3] «Ideo ingrediens mundum dicit: Hostiam et oblalionem noluisli; corpus: autem aptasti mihi. Tune dixi: Ecce venio; in capitc libri senptum est de me: ut faciam. Deus, voluntatem tuam». Heb., X, 5-7.
[4] «Descendi de coelo, non ut faciam voluntatem meam, sed voluntatem ejus qui misit me». Joan, VI, 38.
[5] «Pater. non mea voluntas, sed tua fíat». Luc. XXII, 42.

adorabilísima voluntad de Dios. Porque, si consideramos que Dios ordena y dispone todo lo que acontece en el mundo; que todas las cosas las dispone para su gloria y para nuestro mayor bien, y que su disposición es justísima y amabilísima, no atribuiremos nosotros las cosas que pasan, ni a la suerte o al azar, ni a la malicia del diablo o de los hombres, sino a la ordenación de Dios que amaremos y abrazaremos con todo afecto, sabiendo, con toda seguridad, que siendo santísima y amabilísima nada ordena o permite que no sea para nuestro mayor bien y para la mayor gloria de nuestro buen Dios, la que debemos amar por encima de todas las cosas, puesto que no estamos en este mundo sino para amar y procurar la gloria de Dios.

Y, si consideramos con la debida atención que Jesús, nuestra cabeza, ha abandonado y como aniquilado una voluntad tan santa y divina como la suya, para seguir la rigurosísima y muy severa voluntad de su Padre, el cual quiso que su Hijo sufriera cosas tan extrañas, y que muriera con muerte tan cruel y vergonzosa, y ello por sus enemigos; ¿nos afligiremos por abandonar una voluntad como la nuestra toda depravada y corrompida por el pecado, para hacer vivir y reinar, en su lugar, a la santísima, dulcísima y amabilísima voluntad de Dios?

En esto consiste la sumisión y obediencia cristiana, a saber: en continuar la sumisión y obediencia perfectísima que Jesucristo prestó, no sólo a las voluntades que su Padre por Él mismo le declaró, sino también a las que le fueron manifestadas por su santa Madre, por San José, por el ángel que le condujo a Egipto, por los judíos, por Herodes, por Pilato. Porque no sólo se sometió a su Padre, sino se sujetó a todas las criaturas por la gloria de su Padre y por nuestro amor.

CAPITULO 9

Práctica de la sumisión y obediencia cristiana

A fin de llevar a la práctica las verdades expuestas, adorad en Jesús esta divina y adorable sumisión que tan perfectamente practicó. Destruid con frecuencia a sus pies todas vuestras voluntades, deseos e inclinaciones, protestando que no queréis otras que las suyas, y rogándole que las haga reinar perfectamente en vosotros.

Vivid con una continua resolución de morir y de sufrir toda clase de tormentos, antes que contravenir al menor de los mandamientos de Dios; y, con una disposición general de seguir estos consejos, conforme a la luz y a la gracia que Dios os dará, según vuestra condición y las normas de vuestro director.

Mirad y honrad a las personas que tienen autoridad y superioridad sobre vosotros, como seres que ocupan en la tierra el lugar de Jesucristo; y seguid su voluntad como voluntad de Jesucristo, siempre que no sea manifiestamente contraria a lo que Dios manda y prohíbe.

El príncipe de los apóstoles, San Pedro, va más allá; nos exhorta a sometemos a toda humana criatura, por amor de Dios; «Estad sumisos a toda humana criatura; y esto por respeto a Dios»[1]. Y San Pablo quiere que nos estimemos como superiores los unos de los otros: «Cada uno por su humildad mire como superiores a los otros»[2]. Según estas divinas enseñanzas de estos dos grandes apóstoles, debemos mirar y honrar a toda clase de personas como a superiores y estar dispuestos a renunciar a nuestro propio juicio y voluntad, para sometemos al juicio y voluntad de los demás. Porque, en calidad de cristianos, que deben vivir con los sentimientos y disposiciones de Jesucristo, debemos profesar con el mismo Jesucristo, no hacer jamás nuestra propia voluntad, sino obedecer a toda voluntad de Dios, en los diversos acontecimientos que se presenten, debemos hacer la voluntad de quienquiera que sea, mirando a todos los hombres como a superiores, sometiéndonos a su voluntad en lo que nos es posible y no es contrario a Dios ni a las obligaciones de nuestro estado, prefiriendo, sin embargo, siempre a aquéllos que tienen más autoridad y mayor derecho sobre nosotros.

Adorad, bendecid y amad en todas las cosas la voluntad de Dios, diciendo con el mismo espíritu, con el mismo amor, sumisión y humildad con que Jesús lo decía: «Sí, Padre mío, alabado seas por haber sido de tu agrado que así fuese[3].

Viva Jesús, alabada sea la santísima voluntad de mi Jesús, sea la mía destruida y aniquilada por siempre ja más, y que la suya se cumpla y reine eternamente, en la tierra y en el cielo.

---

[1] «Subjecti estote omni humanae creaturae. propter Deum». I Pct.. 2-13.
[2] «Superiores sibi inviccm arbitrantes». Philipp. 2-3.
[3] Ita. Pater. quoniam sic fuit placitum ante te». Malth.. 11. 26.

CAPITULO 10

La perfección de la sumisión y obediencia cristiana

Jesucristo Nuestro Señor no solamente ha hecho siempre la voluntad de su Padre y se ha sometido en todas las cosas a Él, por su amor, sino que además, en esto ha puesto todo su gozo, su felicidad y su paraíso: «Mi comida es, dice Él, hacer la voluntad del que me ha enviado»[1], es decir nada estimo más deseable ni más precioso que hacer la voluntad de mi Padre. Porque, efectivamente, en todas las cosas que Él hacía, hacíalas con infinito agrado, porque esa era la voluntad de su Padre. Cifraba su gozo y felicidad según el espíritu, en los sufrimientos que soportaba, porque eran del agrado de su Padre. Por esta razón, el Espíritu Santo, hablando del día de su pasión y de su muerte, le llama «el día de la alegría de su corazón»[2]. Igualmente, en todas las cosas que veía acontecer o deber acontecer en el mundo, encontraba paz y satisfacción de espíritu, porque no veía en todas ellas sino la voluntad amabilísima de su Padre.

---

[1] «Meus eibus est, ut faciam voluntatem ejus qui misit me». Joan., IV. 34.
[2] «... in die laetitiae cordis ejus». Cant., III. 11.

También nosotros, que como cristianos debemos estar revestidos de los sentimientos y disposiciones de nuestra cabeza, debemos, no solamente sometemos a Dios en todas las cosas por amor de Dios, sino poner en ello todo nuestro contento, nuestra felicidad y nuestro paraíso. En esto consiste la suma perfección de la sumisión cristiana. Esto es lo que todos los días pedimos a Dios: «Hágase tu voluntad así en la tierra como en el cielo»[3]. Ahora bien, en el cielo los santos, hasta tal punto ponen su felicidad y su paraíso en el cumplimiento de la voluntad de Dios, que, muchos de ellos, ven a sus padres y madres, a sus hermanos y hermanas, a sus mujeres o hijos en el infierno y se regocijan de los efectos que la justicia de Dios obra en ellos, porque, siendo los Santos una cosa con Dios, tienen con Él un solo sentimiento y una sola voluntad. Dios quiere desplegar su justicia sobre estos miserables que lo tienen bien merecido, y gózase infinitamente en los efectos de su justicia lo mismo que en los de su misericordia. Por esto los Santos ponen también en ello su gozo y su contento. «Alegrarse ha el justo al ver la venganza; y lavará sus manos en la sangre de los pecadores»[4]. De semejante manera, debemos poner nosotros nuestro gozo en los efectos de la divina voluntad, puesto que hemos de procurar que se cumpla la voluntad de Dios en la tierra como se cumple en el cielo.

Dos razones nos obligan a ello:

Siendo nosotros creados exclusivamente para glorificar a Dios, esto es, siendo la gloria de Dios nuestro último fin, síguese que hemos de poner nuestra felicidad en la gloria

---

[3] «Fiat voluntas tua, sicut in coelo in terra».

[4] «Laeta bitur justus cum viderit vindictum; manus suas lavabit in sanguine peccatoris». Ps. LVII, 11.

de Dios, y consiguientemente, en todos los efectos de su divina voluntad, puesto que todos ellos son para su mayor gloria.

Habiéndonos declarado Jesucristo que quiere que seamos una misma cosa con Él y con su Padre, dedúcese que no debemos tener con Él sino un mismo espíritu y sentimiento, como se ha dicho de los que están en el cielo, y, por consiguiente, que hemos de poner nuestro gozo, nuestra felicidad y nuestro paraíso en aquello mismo en que lo hacen consistir los Santos, la Santísima Virgen, el Hijo de Dios y el Eterno Padre.

Ahora bien, los Santos y la Santísima Virgen, en todo encuentran su felicidad y su paraíso; porque, viendo en todas las cosas la voluntad de Dios, en todas ellas ponen su contento. El Hijo de Dios y el Padre celestial, gózanse infinitamente en todas sus obras, en todas sus voluntades y permisiones: «Complacerse ha el Señor en sus criaturas». Y, tan cierto es que Dios se complace en los efectos de su justicia, cuando ésta exige el castigo del pecador obstinado como en los efectos de su bondad cuando obra en los bienaventurados, que leemos en el libro sagrado del Deuteronomio estas palabras: «Así como en otros tiempos se complació el Señor en haceros bien, así se gozará en abatiros y arrastraros»[5]. He ahí porqué debemos también nosotros poner nuestra felicidad en todas las voluntades, permisiones y obras de Dios, y, en términos generales, en todas las cosas, excepto en el pecado que debemos detestar y aborrecer, adorando, no obstante, y bendiciendo la permisión de Dios y la disposición de su justicia que, por

---

5 «Et sicut ante laetatus est Dominus super vos, bene vobis faciens..., sic laetabitur disperdens vos atque subvertens». XXVIII - 63.

justo juicio, permite que, en castigo de un pecado, caiga el pecador en otros nuevos pecados.

De este modo, supuesta la gracia de N. Señor, hemos dado con el medio de vivir siempre contentos y de tener el paraíso en la tierra. Ciertamente, seriamos nosotros bien difíciles de contentar, si no nos contentáramos con lo que contenta a Dios, a los ángeles y a los Santos, quienes no tanto se regocijan por la grandísima gloria que poseen, como por el cumplimiento de la voluntad de Dios en ellos: es decir: porque Dios se complace en glorificarles. Y, a la verdad, no tendremos motivo de quejamos por encontramos en el paraíso de la Madre de Dios, del Hijo de Dios y del Padre Eterno.

Practicándolo así, comenzaréis vuestro paraíso en este mundo, gozaréis de una continua paz, realizaréis vuestras obras, como Nuestro Señor Jesucristo realizaba las suyas cuando estaba en la tierra, con espíritu de agrado y alegría; que esto Él lo desea y pide a su Padre para nosotros la víspera de su muerte, con estas palabras: «Que tengan ellos en sí mismos el gozo cumplido que tengo yo» [6].

---

[6] Ut habeant gaudium meum impletum in semetipsis». Joan, XVII - 13.

CAPITULO 11

De la caridad cristiana

No sin razón el Hijo de Dios, una vez que hubo dicho en su santo Evangelio que el primero y mayor de los mandamientos de Dios es que le amemos con todo nuestro corazón, con toda nuestra alma y con todas nuestras fuerzas, nos declara a continuación que el segundo mandamiento, que nos obliga a amar a nuestro prójimo como a nosotros mismos, es semejante al primero[1]. Porque, en efecto, el amor de Dios y del prójimo son inseparables; no son dos amores, sino un solo y único amor: y hemos de amar a nuestro prójimo con el mismo amor con que amamos a Dios, porque debemos amarle, no en él ni por él, sino en Dios y por Dios: o, por mejor decir, a Dios mismo es a quien debemos amar en el prójimo.

Así es como Jesús nos ama: nos ama en su Padre y por su Padre, o más bien, ama a su Padre en nosotros y quiere que nos amemos unos a otros, como Él nos ama.

---

[1] «Diliges Dominum Deum tuum ex toto corde tuo, et in tota anima tua, et in tota mente tua. Hoc est maximun et primum mandatum. Secundum autem simile est huic: Diliges proximun tuum sicut te ipsum). Matihe. XXII: 37-39.

«El precepto mío es: que os améis unos a otros, como yo os he amado a vosotros»[2].

En esto consiste la caridad cristiana, en amarnos unos a otros como Jesús nos ama. A manos Él tanto, que nos entrega todos sus bienes, todos sus tesoros, a sí mismo; y emplea todo su poder, todos los resortes de su sabiduría y su bondad para hacernos bien. Su caridad para con nosotros es tan excesiva que aguanta nuestros defectos largo tiempo y con una dulzura y paciencia grandísimas; que es el primero en buscarnos, cuando le hemos ofendido; Él que no nos hace sino toda clase de bienes y que parece preferir, en cierta manera, nuestras comodidades, gustos e intereses a los suyos, sujetándose durante su vida mortal a toda clase de incomodidades, miserias y tormentos para librarnos a nosotros de ellos y hacernos felices. En una palabra, nos ama tanto que emplea por nosotros toda su vida, su cuerpo, su alma y su humanidad, todo lo que es, tiene y puede; todo caridad y amor hacia nosotros, en sus pensamientos, palabras y acciones.

He aquí la regla y el modelo de la caridad cristiana. Ved lo que reclama de nosotros, cuando nos manda amarnos unos a otros, como Él nos ama. Debemos mutuamente amarnos, haciendo los unos por los otros lo que Jesucristo hizo con nosotros, según el poder que de Él mismo recibamos.

Y, a fin de traeros y animaros más a esto, mirad a vuestro prójimo en Dios y a Dios en él; es decir: miradle como cosa salida del corazón y de la bondad de Dios, como una participación de Dios, como un ser que ha sido creado para volver a Dios, para morar un día en el

---

[2] «Hoc est praeceptum meum, ut diligatis invicem, sicut dilcxi vos». Joan., XV. 12.

seno mismo de Dios, para glorificar a Dios eternamente, y en el que Dios será eternamente glorificado, sea en su misericordia, sea en su justicia. Miradle como cosa que Dios ama, cualquiera que ella sea; porque Dios ama todo lo que creó, y nada aborrece de cuanto hizo; únicamente aborrece al pecado, que por Él no ha sido hecho. Mirad que vuestro prójimo tiene el mismo origen que vosotros, que es hijo de un mismo padre, criado para el mismo fin, perteneciente al mismo Señor, rescatado al mismo precio, es decir, con la sangre preciosa de Jesucristo; que es miembro de una misma cabeza que es Jesús, y de un mismo cuerpo que es la Iglesia de Jesús; que, como vosotros, se alimenta con el manjar de la came y sangre preciosísimas de Jesús; y, con quien, por consiguiente no debéis tener más que un mismo corazón. Miradle también como templo de Dios vivo, como a quien lleva en sí la imagen de la Santísima Trinidad y el carácter de Jesucristo, verdadera porción de Jesús, hueso de sus huesos y carne de su carne, por quien Jesús tanto trabajó y sufrió, empleó todo su tiempo y sacrificó su sangre y su vida; y, en fin, como a quien Jesús os recomienda que le tratéis como si fuese Él mismo, asegurándoos que «lo que hiciéseis con el más pequeño de los suyos, es decir, de los que creen en Él, lo tendrá como hecho a Él mismo»[3]. ¡Ah, si pensásemos y meditásemos bien la importancia de estas verdades, qué caridad, qué respeto, qué reverencia nos tendríamos los unos a los otros! ¡Qué temor tendríamos de lastimar la unión y caridad cristiana, con nuestros pensamientos, palabras o acciones! ¡Cómo nos aguantaríamos los unos a los otros! ¡Con qué caridad y paciencia excusaríamos

---

[3] «Amen dico vobis, quandiu fecistis uni ex his fratribus meis minimis, mihi fecistis». Mallh., XXV. 40.

los defectos del prójimo! ¡Con qué dulzura, modestia y discreción nos trataríamos! ¡Qué cuidado pondríamos, como habla San Pablo, «en procurar dar gusto al prójimo en lo que es bueno y puede edificarle»! [4]. ¡Oh Jesús, Dios de amor y de caridad, imprimid estas disposiciones y estas grandes verdades en nuestros corazones!

---

[4] «Unusquisque vestrum proximo suo placeat in bonum ad aedificationem». Rom., XV, 3.

CAPITULO 12

Práctica de la caridad cristiana

Si queréis vivir del espíritu de la caridad cristiana, que no es otro que una continuación y complemento de la caridad de Jesús, es necesario que os ejercitéis con frecuencia en las prácticas siguientes.

Adorad a Jesús, que es todo caridad; bendecidle por toda la gloria que ha dado a su Padre, con los continuos ejercicios de su caridad. Pedidle perdón de todas las faltas que, en todo tiempo habéis cometido contra la caridad, suplicándole que, en satisfacción de estas faltas, ofrezca Él por vosotros a su Padre su caridad. Entregaos a Él y suplicadle que destruya en vosotros, pensamientos, palabras, acciones, todo lo que sea contrario a la caridad y que haga vivir y reinar en vosotros su caridad.

Leed repetidas veces y meditad estas plabras de San Pablo: «La caridad es sufrida, es dulce y bienhechora: la caridad no tiene envidia, no obra precipitada ni temerariamente, no se ensoberbece; no es ambiciosa, no busca sus intereses, no se irrita, no piensa mal, no se huelga de la injusticia, complácese sí en la verdad; a todo se acomoda, cree todo el bien del prójimo, todo lo espera y lo soporta todo. La caridad nuca fenece»[1].

Adorad a Jesucristo, pronunciando estas sagradas palabras, entregáos a Él, suplicaándole que os dé su santa gracia para poder llevarlas a la práctica. En los servicios y en todas las acciones que realicéis con el prójimo, sea por obligación, sea por caridad, elevad a Jesús vuestro corazón, diciéndole de esta manera: «¡Oh Jesús, quiero realizar esta obra, si es de vuestro agrado, en reverencia y unión de la caridad que Vos tenéis con esta persona, y por Vos mismo, a quien deseo ver y servir en ella!».

Cuando necesitéis alimentar o dar algún descanso y refrigerio a vuestro cuerpo, hacedlo con la misma intención, mirando vuestra salud, vuestra vida y vuestro cuerpo, no como cosa vuestra, sino como uno de los miembros de Jesús, como cosa que pertenece a Jesús, según el testimonio de la palabra divina.

Cuando saludéis u obsequiéis a alguno, saludadle y honradle como a templo e imagen de Dios y miembro de Jesucristo.

En los tratos y cumplidos que se os presenten, no permitáis a vuestra lengua proferir palabras de deferencia que no estén en vuestro corazón; porque existe esta diferencia entre las almas santas y cristianas y las almas mundanas: que unas y otras emplean las mismas fórmulas de educación, la misma manera de hablar y que acostumbra a usarse en relaciones y visitas; aquéllas lo hacen de corazón

---

[1] «C'haritas patiens est. benigna est: charitas non aeniulatur, non agit perperam, nom inflalur, non est amitiosa, non quaerit quae sua sunt, non irritatur, non cogitat malum, non gaudet super iniquitate, congaudet autem veritati: omnia suffert, omnia credit, omnia sperat, omnia sustinet. Chantas nunquam excidit». I Cor., XIII. 4-8.

y con espíritu de verdad y caridad cristianas, mas éstas solamente con la boca y con espíritu de mentira y vana complacencia.

No digo yo que sea necesario que os actuéis en estos pensamientos e intenciones cada vez que saludáis a alguno, o que profiráis alguna palabra de edificación o que practiquéis alguna obra buena en favor del prójimo a cada paso, que aunque así fuera, cosa buenísima haríais; pero sí que, por lo menos, forméis en vuestro corazón una intención general de hacer todas las cosas con el espíritu de la caridad de Jesús, esforzándoos por renovar ante Dios esta intención, siempre que Él os la sugiera. Cuando sintáis alguna repugnancia, aversión o sentimiento de envidia para con el prójimo, procurad renunciar a él con toda energía, desde sus comienzos, y destruirlo a los pies de Nuestro Señor, suplicándole que os llene de su divina caridad.

Si se os ha ofendido, o si habés vosotros ofendido a alguno, no esperéis que vengan a buscaros; acordaos de lo que Nuestro Señor ha dicho: «Si, al tiempo de presentar tu ofrenda en el altar, allí te acuerdas que tu hermano tiene alguna queja contra ti, déjate allí mismo tu ofrenda delante de tu altar, y ve primero a reconciliarte con tu hermano»[2]. Para obedecer a estas palabras del Salvador y en su honra y alabanza, puesto que Él es el primero en buscamos a nosotros. Él, que no nos hace sino toda clase de favores y que no recibe de nosotros sino toda clase de ofensas, id a buscar a quien habéis ofendido o a quien os ha ofendido,

---

[2] «Si ergo offers munus tuum ad altare, et ibi recordatus fucris quia frater tuus habet aliquid adversum te; relinque ibi munus tuum ante altare, et vade prius reconciliari fratri tuo». Matth., V. 23-24.

para reconciliaros con él, dispuestos a hablarle con toda dulzura, paz y humildad.

Si en vuestra presencia se sostienen conversaciones con perjuicio del prójimo, desviadlas, si podéis, con prudencia y dulzura, haciéndolo de suerte que no déis con ello ocasión a que se hable más; porque en este caso, valdría más callar y contentarse con no manifestar atención ni complacencia en lo que se dice.

Rogad a Nuestro Señor que imprima en vuestro corazón una caridad y un tierno afecto, principalmente hacia los pobres, viudas, huérfanos y a cuantos os son extraños. Miradles como seres que os son recomendados por el mayor de vuestros amigos, que es Jesús, quien os los recomienda frecuente e insistentemente y como a sí mismo, en sus santas Escrituras; y en vista de esto, habladles con dulzura, tratadles con caridad y prestadles toda la asistencia que podáis.

CAPITULO 13

Del celo por la salvación de las almas

Tened sobre todo una especialísima caridad para con las almas de todos los hombres, pero en particular de los que os pertenecen o dependen de vosotros, procurando su salvación por todos los medios posibles. Porque San Pablo nos declara que «quien no mira por los suyos, mayormente si son de la familia, ese tal negado ha la fe, y es peor que un infiel»[(1)]. Acordaos que un alma ha costado trabajos y sufrimientos de treinta y cuatro años[(2)], la sangre y la vida de un Dios, y que la obra más grande, más divina y agradable a Jesús que podáis hacer en el mundo es, trabajar con Él en la salvación de las almas que le son tan queridas y preciosas. Daos, por tanto, a Él para trabajar en ello, de cuantos modos se os pida. Juzgaos indignísimos de emplearos en tan gran obra; pero, cuando se os presente alguna ocasión de ayudar en su salvación a alguna pobre alma (lo que os ocurrirá con frecuencia si prestáis atención

---

[1] Si quis autem suorum, et maxime domesticorum, curam non habet, finem negavit et est infideli deterior». I Tim., V. 8.

[2] Véase la nota de la página 24.

y ponéis cuidado en ello), por nada la dejéis pasar; pedid en primer lugar a Nuestro Señor su santa gracia, y empleaos en ello, según vuestra condición y los medios que Él os conceda, con cuanto cuidado, diligencia e interés podáis, como si se tratase de un asunto de mayores consecuencias que si os fuese en ello todos los bienes temporales y hasta la vida corporal de todos los hombres que existen en el mundo. Hacedlo puramente por amor de Jesús y a fin de que Dios sea amado y glorificado eternamente en las almas, teniendo a mucha honra y como un especial favor el consumir todo vuestro tiempo, toda vuestra salud, vuestra vida, y sobre todos los tesoros del mundo si los poseyéseis, para ayudar en su salvación a una sola alma por la que Jesucristo dio su sangre y empleó y agotó todo su tiempo, su vida y sus fuerzas.

¡Oh Jesús, celador de las almas y amador de la salvación de los hombres, imprimid en los corazones de todos los cristianos los sentimientos y disposiciones de vuestro celo y ardentísima caridad por las almas.

CAPITULO 14

De la verdadera devoción cristiana

Consiguientemente a lo que hasta aquí venimos diciendo acerca de las virtudes cristianas, es fácil conocer qué es y en qué consiste la verdadera devoción. Porque, asentado repetidas veces que todas las virtudes cristianas no son otras que las virtudes de Jesucristo por Él practicadas mientras estuvo en la tierra, cuyo ejercicio nosotros debemos continuar, necesariamente se deduce que la verdadera devoción cristiana no es otra que la devoción santa y divina de Jesucristo que debemos continuar y completar en nosotros.

Ahora bien, Jesucristo Nuestro Señor puso su devoción en cumplir con toda perfección la voluntad de su Padre, y en cifrar en eso sus complacencias. Púsola en servir a su Padre y a los hombres por amor de su Padre, habiendo querido tomar la forma y condición baja y abyecta de siervo, para con este abatimiento, rendir más honor y homenaje a la grandeza suprema de su Padre. Cifró su devoción en amar y glorificar a su Padre en el mundo: en realizar todas sus acciones puramente por la gloria y amor de su Padre, haciéndolas con disposiciones santísimas, purísimas y del todo divinas, es decir: con profundísima humildad, con una caridad ardentísima para con los hombres, con un desprendimiento perfectísimo de sí mismo y de todas las cosas, con una unión inquebrantable con su Padre, con exactísima sumisión al querer de su Padre, con gozo y alegría. En fin, hizo Él consistir su devoción en inmolarse y sacrificarse por completo a la gloria de su Padre, habiendo querido tomar el estado de víctima y de hostia y pasar en esta condición por toda clase de desprecios, humillaciones, privaciones, mortificaciones interiores y exteriores, y, finalmente, por una cruel y vergonzosa muerte, por la gloria de su Padre.

Hizo Jesús desde el momento de su Encarnación tres como profesiones solemnes y votos que los cumplió a la perfección en su vida y en su muerte.

Hizo profesión de obediencia a su Padre, es decir: profesión de no hacer nunca su voluntad sino de obedecer siempre con toda perfección a la voluntad de su Padre, y, como antes se dijo, de poner en ello todo su gozo y felicidad.

Hizo profesión de esclavitud. Es la cualidad y condición que su Padre le ha dado hablando por un profeta: «Siervo mío eres tú, oh Israel[1], en ti seré yo glorificado»[2]. Es la cualidad que Él mismo toma: «tomando la forma o naturaleza de siervo[3], anonadándose hasta el estado o forma de una vida de humildad y de esclavitud a sus criaturas, hasta el oprobio y suplicio cruel y servil de la cruz, por nuestro amor y por la gloria de su Padre.

---

[1] Se da aquí a Cristo el nombre de «Israel», porque mereció este nombre que significa «fuerte contra Dios», pues venció y desarmó con su pasión y muerte en cruz, la justa ira de Dios, haciéndole propicio a los hombres. Torres Amat. Edición «La Editorial Vizcaína». 1927.

[2] «Servus meus es tu, Israel, quia in te gloriabor». Is., XLIX, 3.

[3] «Formam servi accipiens». Phil., 2-7.

Hizo profesión de ser hostia y víctima, totalmente consagrada e inmolada a la gloria de su Padre, desde el primer momento de su vida hasta el último.

He aquí en qué consiste la devoción de Jesús. Por eso, ya que la devoción cristiana no es otra que la devoción de Jesucristo, debemos hacer consistir nuestra devoción en esas mismas cosas. A este efecto, debemos tener con Jesús un enlace y unión muy íntimo y estrecho y una adhesión y aplicación muy perfectas, en toda nuestra vida, en todos nuestros ejercicios y en todas nuestras acciones.

Ese es el voto solemne y la profesión pública primera y principal que nosotros hacemos en el bautismo a la faz de toda la Iglesia. Porque entonces-hablando según San Agustín, Santo Tomás en su Suma y el Catecismo del Concilio de Trento-, entonces hacemos voto y profesión solemne de renunciar a Satanás y a sus obras, y de adherimos a Jesucristo como los miembros con su cabeza, de entregamos y consagramos enteramente a Él y de morar en Él. Y, hacer profesión de adherimos a Jesucristo y de morar en Él, es profesar su devoción, sus disposiciones, su espíritu y su dirección, su vida, sus cualidades y virtudes, y todo lo que Él hizo y sufrió.

Por eso, haciendo voto y profesión de adherimos a Jesucristo y de morar en Él, que es el mayor de todos los votos, dice San Agustín[4], hacemos tres grandes profesiones, muy santas y divinas y que debemos meditarlas con frecuencia.

Hacemos profesión con Jesucristo de no hacer jamás nuestra propia voluntad; sino de sometemos en todo a la voluntad de Dios, y de obedecer a toda clase de personas,

---

4 «Votum maximum nostrum». Epist. ad Paulinum, n. 16.

en lo que no es contrario a Dios, poniendo en esto nuestra alegría y nuestro paraíso.

Hacemos profesión de esclavitud a Dios y a su Hijo Jesucristo, y a todos los miembros de Jesucristo, según estas palabras de San Pablo: «haciéndonos siervos vuestros por amor de Jesús»[5]. Como corolario de esta profesión, los cristianos todos lo mismo que los esclavos, nada poseen para ellos mismos; no tienen derecho a hacer uso alguno, ni de ellos mismos, ni de los miembros y sentidos de sus cuerpos, ni de las potencias de sus almas, ni de su vida, ni de su tiempo, ni de los bienes temporales que poseen, si no es por Jesucristo y por los miembros de Jesucristo, que son todos los que creen en Él.

Hacemos profesión de ser hostias y víctimas continuamente sacrificadas a la gloria de Dios, «víctimas espirituales, que dice el príncipe de los Apóstoles, agradables a Dios por Jesucristo». «Os ruego encarecidamente, dice San Pablo, por la misericordia de Dios, que le ofrezcáis vuestros cuerpos como una hostia o víctima vivas, santa y agradable a sus ojos»[6]. Y lo que aquí se dice de nuestros cuerpos, lo mismo debe decirse de nuestras almas. Por esta razón estamos obligados a glorificar y a amar a Dios, con todas las facultades de nuestros cuerpos y de nuestras almas, a hacer cuanto podamos para que Él sea amado y glorificado, a no buscar en todas nuestras acciones y en todas las cosas sino puramente su gloria y su amor, a vivir de suerte que nuestra vida sea un continuo sacrificio de alabanza y de amor a Él, a estar dispuestos a ser inmolados, consumidos y aniquilados por su divina gloria.

---

[5] «Nos servos vestros per Jesum». 2 Cor., IV, 5.

[6] «Obsecro vos, fratres, per misericordiam Dei, ut exhibeatis corpora vestra hostiam viventem, sanctam, Deo placentem». Rom., XII. 1.

En una palabra, «el cristianismo, dice San Gregorio Niseno, es una profesión de la vida de Jesucristo»[7]. Y San Bernardo nos asegura que «Jesús jamás coloca en el rango de profesos de su religión a los que no viven de su vida»[8]. He aquí porqué en el santo bautismo hacemos profesión de Jesucristo, es decir: profesión de la vida de Jesucristo, de la devoción de Jesucristo, de sus disposiciones e intenciones, de sus virtudes, de su perfecto desprendimiento de todas las cosas. Hacemos profesión de creer firmemente todo lo que por Él mismo y por su Iglesia nos enseña, de morir antes que apartamos una tilde del mundo de estas nuestras creencias. Hacemos profesión de declarar, con Él, guerra mortal al pecado, de vivir, con espíritu de continua oración como Él vivió, de llevar con Él su cruz y su mortificación en nuestros cuerpos y en nuestras almas, de continuar el ejercicio de su humildad, de su confianza en Dios, de su sumisión y obediencia, de su caridad, de su celo por la gloria de su Padre y la salvación de las almas, y de todas las demás virtudes. Hacemos, en fin, profesión de no vivir en la tierra y en el cielo sino para ser de Jesús, y para amarle y honrarle en todos los estados y misterios de su vida, y en todo lo que Él es, en Él mismo, y fuera de sí mismo; y de estar siempre dispuestos a sufrir toda clase de suplicios, y a morir mil muertes y a ser aniquilados mil veces, si fuera posible, por su amor y por su gloria.

He aquí el voto y la profesión que todos los cristianos hacen en el bautismo. He aquí en qué consiste la verdadera devoción cristiana; y toda otra devoción (si cabe decir otra), no es más que engaño y perdición.

---

[7] «Christianismus est prolessio vitae Christi».
[8] «Non inter suos deputat professores, quos vitae suae cemit desertores».

CAPITULO 15

Práctica de la devoción cristiana

Para penetrar más en esta sagrada devoción, adorad a Jesús en su perfectísima devoción, y en la profesión que hizo a su Padre desde el momento de su encamación, y que observó a la perfección en toda su vida. Bendecidle por la gloria, que, por este medio, Él dio a su Padre. Peina didle perdón por las faltas que habéis cometido contra el voto y la profesión que hicisteis en el bautismo, rogándole que las repare Él por su grandísima misericordia. Pensad delante de Dios las obligaciones que van unidas a este voto y profesión. Renovad con frecuencia el deseo de cumplirlas, pedid a Jesús que para ello os conceda su gracia y que consolide en vosotros esta santísima devoción. Poned vuestra devoción en lo que Jesús puso la suya: en la práctica de las susodichas cosas; y en todo cuanto hagáis y sufráis, tened cuidado de uniros a la devoción de Jesús, de esta manera:

¡Oh Jesús, yo me entrego a Vos para realizar esta acción o para sobrellevar esta aflicción, en unión de la perfectísima devoción con que practicasteis todas vuestras obras y sufristeis todas vuestras aflicciones!

Haciéndolo así, viviréis con verdadera y perfecta devoción, por medio de la cual formaréis a Jesús en vosotros, según el deseo de su Apóstol: «Hasta formar enteramente a Cristo en vosotros»[1]; y seréis transformados en Jesús, según la palabra de este mismo Apóstol: «somos transformados en la misma imagen de Jesucristo»[2]; es decir: haréis vivir y reinar a Jesús en vosotros, no seréis sino una cosa con Jesús, y Jesús será todo en vosotros, según esta divina palabra: «consumados en la unidad; todo de Dios en todas las cosas»[3]; lo cual es el blanco y el fin a que tienden la vida, piedad y devoción cristianas.

De aquí que sea necesario, como lo haremos en los capítulos siguientes, haceros ver cuán importante es esta gran obra de la formación de Jesús en nuestras almas y lo que hay que hacer para conseguirlo.

---

[1] «Donec formentur Christus in vobis». I. Gal., IV, 19.

[2] In camdem imaginem transformamur». 2 Car., III, 18

[3] «Consummati in unum, et omnia in omnibus». Joan. XVII. 23 y 1 Cor., XV, 28.

CAPITULO 16

De la formación de Jesús en nosotros

El misterio de los misterios y la obra de las obras es la formación de Jesús en nosotros, según nos lo hace notar San Pablo por estas palabras: «Hijitos míos, por quienes segunda vez padezco dolores de parto hasta formar enteramente a Cristo en vosotros»[1]. Este es el mayor de los misterios y la más grande de las obras que se hacen en el cielo y en la tierra, por personas las más excelentes de la tierra y del cielo, como son el Padre Eterno, el Hijo y el Espíritu Santo, la Santísima Virgen y la Santa Iglesia. Es la acción más grande que el Padre Eterno hace en toda la eternidad, durante la cual está continuamente ocupado en engendrar a su Hijo en sí mismo. Y fuera de sí, nunca realiza nada más admirable que cuando le forma en el seno purísimo de la Virgen, en el momento de la Encarnación.

Es la obra más excelente que el Hijo de Dios obró en la tierra, formándose a sí mismo en su santa Madre y en su Eucaristía.

---

[1] «Filioli, quos iterum parturio, donec fbrmetur Christus in vobis». Gal., IV. 19.

Es la operación más noble del Espíritu Santo que le formó en las sacratísimas entrañas de la Virgen, la cual tampoco hizo nunca nada ni hará jamás más digno que cooperar a esta maravillosa y divina formación de Jesús en ella.

Es la obra más santa y grande de la santa Iglesia, la cual no tiene actuación y misión más soberanas que cuando, de cierta y admirabilísima manera, le produce, por medio de sus sacerdotes en la divina Eucaristía, y cuando le forma en los corazones de sus hijos; no teniendo más fin la Iglesia en todas sus funciones que formar a Jesús en las almas de todos los cristianos.

Este también debe ser nuestro deseo, nuestro cuidado y nuestra principal ocupación: formar a Jesús en nosotros, es decir: hacerle vivir y reinar en nosotros, hacer que en nosotros viva y reine su espíritu, su devoción, sus virtudes, sus sentimientos, sus inclinaciones y disposiciones. A este fin han de tender todos nuestros ejercicios de piedad. Esta es la obra que Dios pone en nuestras manos, para que incesantemente trabajemos en ella.

Dos razones muy poderosas deben animarnos a trabajar con toda energía en la realización de esta obra:

A fin de que se realice cumplidamente el ideal y el deseo grandísimo que el Padre Eterno tiene de ver vivir y reinar a su Hijo en nosotros. Porque, desde que su hijo se anonadó por su gloria y por nuestro amor, quiere que, en recompensa de su anonadamiento se asegure y reine en todas las cosas. Ama Él tanto a su amabilísimo Hijo, que no quiere ver sino a Él, ni tener otro objeto de su mirada, de su complacencia y de su amor en todas las cosas. Por esto quiere que sea su Hijo, el todo en todas las cosas.

A fin de que Jesús, formado y asegurado en nosotros, ame y glorifique dignamente en nosotros a su Padre Eterno y a sí mismo, conforme a estas palabras de San Pedro: «A fin de que en todo cuanto hagáis sea glorificado Dios por Jesucristo»[2]. Él sólo es capaz de amar y glorificar dignamente a su Padre Eterno y a sí mismo.

Estas dos razones deben encender en nosotros un ardentísimo deseo de formar y establecer en nosotros a Jesucristo y de buscar cuantos medios puedan servirnos a este fin, algunos de los cuales os voy a proponer.

---

2 «Ut in omnibus honorificetur Deus, per Jesum Christum». I Pet., IV, II.

CAPITULO 17

Lo que hay que hacer para formar a Jesús en nosotros

Para formar a Jesús en nosotros tenemos que hacer cuatro cosas:

Debemos ejercitarnos en mirarle en todas las cosas y en no tener otro fin que Él y todos sus estados, misterios. virtudes y acciones, en todos nuestros ejercicios de devoción y en todas nuestras acciones. Porque Él es todo en todas las cosas: es el ser de las cosas que son, la vida de las cosas que viven, la belleza de las cosas bellas, el poder de los poderosos, la sabiduría de los sabios, la virtud de los virtuosos, la santidad de los santos. Y nosotros no realizamos la más mínima acción que no la haya hecho Él antes, mientras estaba en la tierra; acción de Jesús que debemos tener siempre presente para mirarla e imitarla, cuando hacemos la nuestra. Por este medio llenaremos nuestro entendimiento de Jesús y le formaremos y afianzaremos en nuestro espíritu, pensando frecuentemente en Él y mirándole en todas las cosas.

Debemos formar a Jesús, no solamente en nuestro espíritu pensando en Él y mirándole en todas las cosas, sino también en nuestro corazón, por medio del ejercicio frecuente de su divino amor. Para esto debemos acostumbramos a elevar muchas veces nuestro corazón a Él por amor, y a hacer todas nuestras acciones puramente por su amor, Consagrándole todos los afectos de nuestro corazón.

Hay que formar a Jesús en nosotros, mediante un entero anonadamiento de nosotros mismos y de todas las cosas en nosotros. Porque, si deseamos que Jesús viva y reine perfectamente en nosotros, es preciso destruir y dar muerte a todas las criaturas en nuestro espíritu y en nuestro corazón, y no mirarlas ni amarlas ya más en ellas mismas, sino en Jesús y a Jesús en ellas. Es preciso que nos aseguremos en esta idea: que el mundo y todo cuanto hay en el mundo ha sido destruido para nosotros, que en el mundo para nosotros no hay más que Jesús, que no tenemos que contentar más que a Él, ni mirar y amar más que a Él.

Es preciso además trabajar para destruirnos a nosotros mismos, es decir nuestro propio juicio, nuestra propia voluntad, nuestro amor propio, nuestro orgullo y vanidad, todas nuestras inclinaciones y hábitos perversos, todos los deseos e instintos de nuestra naturaleza depravada, y todo lo que hay de nosotros mismos. Porque de nosotros mismos, no habiendo en nosotros nada que no esté depravado y corrompido por el pecado, y que no sea, por consiguiente, contrario a Jesucristo, y opuesto a su gloria y a su amor, es preciso que todo esto sea destruido y aniquilado, a fin de que Jesucristo viva y reine en nosotros con toda perfección.

Aquí tenemos el fundamento principal, el primer principio y el primer paso de la vida cristiana. Es lo que se llama, en el lenguaje de la palabra divina y en los libros de los Santos Padres, perderse a sí mismo, morir a uno mismo, perecer a sí mismo, renunciar a sí mismo. Es uno de los principales cuidados que debemos tener, uno de los principales ejercicios en que debemos ejercitarnos, por la práctica de la abnegación, de la humillación, de la mortificación interior y exterior, y uno de los medios más poderosos de que debemos servirnos para formar y asegurar a Jesús en nosotros.

Pero, como quiera que esta gran obra de la formación de Jesús en nosotros excede incomparablemente a todas nuestras fuerzas, el cuarto y principal medio ha de ser recurrir al poder de la divina gracia y a las oraciones de la Santísima Virgen y de los Santos.

Así pues, roguemos frecuentemente a la Santísima Virgen, a todos los ángeles y santos, que con sus súplicas nos ayuden. Encomendémonos al poder del Padre Eterno, y al amor y celo ardentísimo que tiene por su Hijo, suplicándole que nos destruya por completo para hacer vivir y reinar a su Hijo en nosotros.

Ofrezcámonos también al Espíritu Santo con la misma intención, y hagámosle la misma súplica.

Anonadémonos con frecuencia a los pies de Jesús, con todo lo que hay de nosotros, y supliquémosle por aquel ardentísimo amor con que a sí mismo se anonadó que emplee su divino poder para anonadarnos y asentar El su realeza en nosotros, diciéndole a este fin:

«!Oh buen Jesús, os adoro en vuestro divino anonadamiento, recalcado en estas palabras de vuestro Apóstol: "se anonadó a sí mismo tomando la forma de siervo"[1]. Adoro ese amor grandísimo a vuestro Padre

---

[1] I. «Exinanivit semetipsum, formam servi accipiens». I Phil. 2-7.

y a nosotros que tanto os ha anonadado. Me entrego y abandono por completo al poder de este divino amor, a fin de que totalmente me anonade! ¡Oh poderosísimo y buenísimo Jesús, desplegad todo vuestro poder e infinita bondad para anonadarme, y, para que, entronizado Vos en mí, reduzca a la nada, a mi amor propio, a mi propia voluntad, a mi propio espíritu, a mi orgullo y a todas mis pasiones, sentimientos e inclinaciones, a fin de afirmar y hacer reinar en su lugar, a vuestro santo amor, vuestra sagrada voluntad, vuestro divino espíritu, vuestra profundísima humildad, y todas vuestras virtudes, sentimientos e inclinaciones.

«Destruid y anonadad también en mí a todas las criaturas y a mí mismo con ellas; ponéos en mi lugar y en el de ellas, a fin de que establecido y asegurado Vos en todas las cosas, no se vea ya, ni se estime, ni se desee, ni se busque, ni se ame otra cosa sino a Vos, no se hable más que de Vos, no se haga nada sino por Vos; y seáis Vos, por este medio, quien lo es y lo hace todo en todos y quien ame y glorifique a vuestro Padre y a Vos mismo en nosotros y por nosotros, con un amor y una gloria digna de Él y de Vos».

CAPITULO 18

Del buen uso que hay que hacer de las consolaciones espirituales

Así como la vida que el Hijo de Dios llevó sobre la tierra está dividida en dos estados diferentes, a saber estado de consolación y de gozo, y estado de aflicción y de sufrimiento; gozando en la parte superior de su alma de toda clase de delicias y divinos contentamientos, y sufriendo en la parte inferior y en su cuerpo toda clase de amarguras y de tormentos; del mismo modo, la vida de sus siervos y de sus miebros, siendo, como hemos dicho, una continuación e imitación de la suya, está siempre mezclada de gozo y de tristeza, de consolaciones y aflicciones. Y, como el Hijo de Dios hizo un uso todo divino de estos dos estados diferentes, e igualmente glorificó a su Padre en uno y en otro, así nosotros debemos esforzamos por hacer un santo uso de uno y otro estado, y dar en ellos a Dios toda la gloria que pide de nosotros, a fin de que podamos decir con el santo Rey David: «Alabaré al Señor en todo tiempo: no cesarán mis labios de pronunciar sus alabanzas»[1].

Por eso, ponemos aquí nosotros el uso que hay que hacer de consolaciones y desolaciones, para ser fiel a Dios y glorificarle en tiempo de gozo y en tiempo de tristeza.

En cuanto a lo primero, todos los que tratan de esta materia nos enseñan que no hemos de hacer gran hincapié en las consolaciones, cualesquiera que ellas sean, interiores o exteriores, ni desearlas y pedirlas, cuando no las tenemos; ni temer perderlas, cuando las tenemos; ni pensar que son más a propósito que las desolaciones para poder tener hermosos pensamientos, grandes luces, muchos sentimientos y afectos sensibles de devoción, o ternuras, lágrimas o cosas semejantes; porque no estamos en este mundo para gozar, sino para sufrir, quedando reservado para el cielo el estado de gozo y para la tierra el de sufrimiento, como homenaje a los sufrimientos que aquí soportó el Dios de cielos y tierra.

Pero no obstante, cuando a Dios le place enviarnos consolaciones, no hay que rechazarlas ni despreciarlas, por temor al orgullo o a la presunción; sino, vengan de donde vengan, de Dios, de la naturaleza, o de otras partes, hemos de poner sumo cuidado en aprovecharnos bien de ellas, haciendo que las cosas, de cualquier parte que ellas vengan, sirvan todas a Dios, de la siguiente manera:

Es preciso que nos humillemos mucho delante de Dios, reconociéndonos indignísimos de toda gracia y consolación y pensando que nos trata como a seres débiles e imperfectos, como a hijos pequeños que no pueden todavía comer manjares sólidos, ni sostenerse por su propio

---

[1] «Benedictam Dominum in omni tempore; semper laus ejus in ore meo». Ps. XXXII1-2.

pie, a quienes por el contrario, hay que alimentarles con leche y llevarles en los brazos: de otro modo caerían por tierra y morirían.

No hay que permitir a nuestro amor propio alimentarse con estos gustos y sentimientos espirituales, ni a nuestro espíritu empaparse y reposar en ellos, sin remitirlos a su manantial, a aquél que nos los ha dado, es decir sin referirlo a Dios que es el principio de toda consolación y el solo digno de todo gozo y satisfacción; protestándole que no queremos otro contentamiento que el suyo, y que mediante su gracia estamos dispuestos a servirle eternamente por el amor de sí mismo, sin buscar ni pretender recompensa ni consolación alguna.

Hay que poner en las manos de N. S. Jesucristo todos los buenos pensamientos, sentimientos y consolaciones que se nos ofrezcan y pedirle que haga Él de ellos por nosotros todo el uso que quiere que hagamos nosotros por su gloria; por lo demás, hacerles servir a Dios, animándonos a amar más ardientemente y a servir con más ánimo y fidelidad al que nos trata tan dulce y amorosamente, después de haber merecido tantas veces ser despojados por completo de todas sus gracias, y ser totalmente abandonados de Él.

CAPITULO 19

Del santo uso que hay que hacer de la sequedades y aflicciones espirtuales

Habiendo estado toda la vida N. S. Jesucristo, que es nuestro Padre y nuestra Cabeza, repleta de trabajos, amarguras y sufrimientos, tanto interiores como exteriores, no es razonable que sus hijos y sus miembros anden por otro camino del que Jesús anduvo. Hácenos Él una gran gracia y no tenemos motivo de quejamos, cuando nos da, lo que para sí mismo Él tomó, y nos hace dignos de beber con Él en el cáliz que su Padre le dio con tanto amor, poniéndonoslo delante con el mismo amor con que su Padre a Él se lo puso.

En este punto es donde Él nos atestiguará más su amor y donde nos da las más seguras señales de que nuestros pequeños servicios le son agradables. ¿No oís, además, a su apóstol que clama que: «todos los que quieren vivir virtuosamente según Jesucristo, han de padecer persecución»?[1]; y al ángel Rafael que dice al santo Tobías:

---

[1] «Omnes qui pie volunt vivere in Christo Jesu, persecutionem patientur» (2 Tim. III-12).

«Por lo mismo que eras acepto a Dios fue necesario (advertid bien esta palabra) que la tentación, o aflicción, te probase»[2]; y al Espíritu Santo que nos habla de esta manera por el Eclesiástico: «Hijo, entrando en el servicio de Dios, persevera firme en la justicia y en el temor, y prepara tu alma para la tentación.

Humilla tu corazón, y ten paciencia: inclina tus oídos y recibe los consejos prudentes, y no agites tu espíritu en tiempo de la oscuridad, o tribulación. Aguarda con paciencia lo que esperas de Dios.

Estréchate con Dios, y ten paciencia, a fin de que en adelante sea más próspera tu vida. Acepta gustoso todo cuanto te enviare, y en medio de los dolores sufre con constancia, y lleva con paciencia tu abatimiento: Pues al modo que en el fuego se prueban el oro y la plata, así los hombres aceptos a Dios se prueban en la fragua de la tribulación»[3].

Palabras todo divinas, que nos enseñan que la verdadera piedad y devoción van siempre acompañadas de alguna prueba o aflicción, bien por parte del mundo o del diablo, bien por parte del mismo Dios, quien parece a veces retirarse de las almas a quienes ama, para probar y ejercitar su fidelidad.

---

[2] «Quia acceptus eras Deo, necesse fuit ut tentatio probaret te». Tob. XII, 13.

[3] «Fili, accedens ad servitutem Dei, sta in justitia. et timore, et praepara animam tuam ad tentationem. Deprime cor tuum et sustine: inclina aurem tuam, et suspice verba intellectus: et ne festines in tempore obductiones. Sustine sustentationes Dei; conjungere Deo, et sustine, ut crescat in novissimo vita tua, Omne quod tibi applicitum fuerit, accope: et in dolore sustine, et in himilitate tua patientiam habe. Quoniam in igne probatur aurum et argentum homines vero receptibiles in camino humiliationis». Eccli. 2. 1-6.

Por lo tanto, no os engañéis, pensando que no hay más que rosas y delicias en los caminos de Dios. Encontraréis en ellos muchas espinas y trabajos, mas, ocurra lo que ocurra, amad siempre a N. Señor con fidelidad, y su amor trocará la hiel en miel, y la amargura en dulzura. Haced más: tomad la resolución de hacer consistir vuestro paraíso y felicidad, mientras estáis en esta vida, en h cruz y en las penas, como en cosa con la que podéis glorificar más a Dios y comprobarle vuestro amor, y en la que vuestro padre, vuestro Esposo, y vuestra Cabeza, que es Jesús, puso su gozo y su paraíso mientras estuvo en el mundo, pues el Espíritu Santo llama al día de su pasión «el día de la alegría de su corazón»[4].

He aquí el uso que debéis hacer de toda clase de aflicciones, corporales y espirituales. No es, sin embargo, mi plan, hablaros aquí de las aflicciones corporales y exteriores. Sólo he de poroponeros aquí el uso que debéis hacer de las aflicciones interiores y espirituales, como son sequedades, tristezas, tedios, temores y turbaciones interiores, hastío de las cosas de Dios y demás penas de espíritu que suelen sobrevenir a las almas que sirven a Dios. Porque es sumamente importante saber hacer el debido uso de todas estas cosas y ser fiel a Dios en este estado.

Ved, a este fin, la conducta que debéis observar:

Adorad a Jesús en los sufrimientos, privaciones, humillaciones, temores, tristezas y abandonos que soportó en su santa alma, según estas sus palabras: «Mi alma está harta de males. Mi alma se ha conturbado. Mi alma siente

---

[4] «In die laetitiae cordis ejus». Cant. III 11.

angustias mortales»[5]. Adorad las disposiciones de su divina alma en este estado, y el buen uso que de él hizo por la gloria de su Padre. Entregaos a Él para conseguir estas mismas disposiciones, y para hacer de vuestras penas el buen uso que Él hizo de las suyas. Ofrecédselas en honor de las suyas. Rogadle que las una a las suyas, que las bendiga y santifique por las suyas, que supla vuestras faltas y que haga por vosotros el uso que Él hizo de sus propias penas, para la gloria de su Padre.

No os entretengáis demasiado en buscar en particular la causa del estado en que os encontráis, ni en examinar vuestros pecados; humillaos a la vista de todas vuestras faltas e infidelidades en general; adorad la divina justicia, ofreciéndoos a Dios, dispuestos a abrazaros a cuantas penas Él se digne enviaros en homenaje de su justicia juzgándoos además muy indignos de que esta su justicia se tome la molestia de actuar sobre vosotros. Porque debemos reconocer que el menor de nuestros pecados merece que seamos enteramente abandonados de Dios. Y, cuando nos encontremos en este estado de sequedad, de hastío de las cosas de Dios y que apenas podemos rogar a Dios y pensar en Él, sino con mil distracciones, debemos recordar que somos indignísimos de toda gracia y consolación; que Nuestro Señor nos hace todavía un gran favor con tolerar que la tierra nos sostenga, y que hemos merecido tantas veces el lugar de los condenados, quienes por toda la eternidad no podrán tener más que pensamientos de odio y de blasfemia para con Dios. Así es como hemos de humillamos profundamente ante Dios en este estado.

---

5 «Repleta est malis anima mea». Ps. LXXXVII, 4. «Nunc anima mea turbata est». Joan, XII, 27. «Tristis est anima mea usque ad mortem». Matth., XXVI. 38.

Esto es lo que en estas circunstancias espera Dios de nosotros: éste es entonces su divino plan. Quiere que reconozcamos lo que de nosotros mismos somos y que nos fundamentemos bien en un profundo conocimiento y sentimiento de nuestra nada a fin de que, cuando Él nos conceda algún buen pensamiento y sentimiento de piedad u otra gracia cualquiera, no se lo apropie nuestro orgullo y nuestro amor propio, atribuyéndolo a nuestro cuidado, vigilancia y cooperación, sino que se lo dirijamos todo a Él, reconociendo que no es nuestro, si no solamente de su misericordia, y poniendo toda nuestra confianza en su pura bondad.

Cuidaos mucho de no dejaros llevar de la tristeza o del desaliento, antes regocijaos pensando estas tres cosas:

ᵃ Que Jesús es siempre Jesús. Es decir: siempre Dios, siempre grande y admirable, siempre en el mismo estado de gloria, de gozo y de fidelidad, sin que nada sea capaz de disminuirle su suprema dicha y contentamiento. Decidle así: ¡Oh Jesús, me basta saber que sois siempre Jesús! ¡Oh Jesús, sed siempre Jesús, y suceda lo que suceda, me tendréis siempre contento!

ᵃ Regocijaos de que Jesús es vuestro Dios y todo vuestro, y de pertenecer a Señor tan bueno y tan amable, acordándoos de lo que dice el Real Profeta: «Feliz aquel pueblo que tiene al Señor por su Dios»[6].

ᵃ Alegraos, sabiendo que entonces es cuando podéis servir más puramente a Nuestro Señor y demostrarle que le amáis con toda verdad por sí mismo y no por las consolaciones que antes os daba. Y, para probar con las obras la fidelidad y pureza de vuestro amor, poned cuidado

---

6 «Beatus populus, cujus Dominus Deus ejus». Ps., CXLIII. 15.

en hacer todas vuestras acciones y ejercicios ordinarios con toda la pureza y perfección que podáis. Y, cuanto más frío, cobardía y debilidad sintáis en vosotros, recurrid más al que es vuestra fuerza y vuestro todo, entregáos a Él con más fervor, y elevad con más frecuencia a Él vuestro espíritu. No dejéis de hacer muchas veces actos de amor, sin inquietaros porque no los hacéis con el fervor y consuelo ordinarios. Porque, ¿qué os importa a vosotros estar o no contentos, si vuestro Jesús está contento? Ahora bien, muchas veces, lo que hacemos en este estado de sequedad y desolación espiritual le contenta y agrada máscon tal que tratemos de hacerlo con la intención pura de honrarle-que lo que hacemos con mucho fervor y devoción sensible; porque esto va acompañado muchas veces de amor propio, mientras que lo primero está de ordinario más depurado. En fin, no os desaniméis por las faltas y debilidades que cometáis, mientras estáis en este estado; humillaos a los pies de Nuestro Señor, rogándole que las repare Él por su grandísima misericordia, y confiad en su bondad que así lo hará; y, sobre todo, conservad siempre en vosotros un gran deseo y firme resolución de servirle y amarle perfectamente, a pesar de cuanto pueda aconteceros y de serle fiel hasta el último aliento de vuestra vida, confiando siempre que, a pesar de todas vuestras infidelidades, os concederá esta gracia, por su grandísima benignidad.

CAPITULO 20

Que la perfección y consumación de la vida cristiana es el martirio, y en qué consiste el verdadero martirio

El colmo, la perfección y consumación de la vida cristiana es el santo martirio. El mayor milagro que Dios obra en los cristianos es la gracia del martirio. La cosa más grande y maravillosa que los cristianos pueden hacer por Dios, es sufrir por Él el martirio. El favor más señalado que Nuestro Señor Jesucristo hace a los que de particular manera le aman, es hacerles semejantes a Él en su vida y en su muerte, creyéndoles dignos de morir por Él, como Él murió por su Padre y por ellos. En los santos mártires es donde más se deja ver el poder maravilloso de su divino amor; y, entre todos los santos, los mártires son los más admirables ante Dios. Y, así, vemos que los más grandes santos del paraíso, como San Juan Bautista y todos los apóstoles, son mártires. Los mártires son los santos de Jesús. Así les llama Él mismo, hablando por el oráculo de su Iglesia: «Sancti mei-mis Santos»[1]. Porque, si bien es verdad que todos los Santos pertenecen a Jesús, sin embargo los santos Mártires le pertenecen de una manera muy propia y especial, porque han vivido y muerto por Él. Por eso les profesa un amor especial y extraordinario, y les promete lo más grande y ventajoso que se puede prometer.

Les anuncia, hablando por boca de su Iglesia, que les tiene reservado un lugar distinguido en el reino de su Padre[2].

Les promete que «les dará a comer del árbol de la vida que está en medio del paraíso de su Dios»[3], es decir: A Él mismo, como explican los santos Doctores. De suerte que es como si les dijera: Habéis perdido por mí una vida humana y temporal; yo os daré por ella una divina y eterna. Porque os haré vivir de mi vida y yo mismo seré vuestra vida en la eternidad.

Les declara que les dará un maná escondido: «Darélc yo a comer un maná recóndito»[4]. ¿Qué maná escondido es éste sino el amor divino que reina perfectamente en el corazón de los santos Mártires, que cambia aquí en la tierra la amargura de los suplicios y el infiemo de los tormentos en un paraíso de dulzuras y delicias increíbles, y que les colma en el cielo de gozos y alegrías eternas e inenarrables por las penas pasajeras que han soportado en este mundo?

Les asegura que «les dará autoridad sobre las naciones y un poder tan grande que las regirá con vara de hierro

---

[1] Brev, rom; com. mart. 8 resp.
[2] «Dabo sanctis meis loeum nominatum in regno Patris mei». Brev. rom. Com mart. 2, noet.
[3] «Vincenti dabo ederc de ligno vitae. quod est in paradiso Dei mei». Apoc. 1-7.
[4] «Qui viecrit... dabo illi potestatem super gentes; el reget cas, lanquam vas figuli confringentur, sicut et ego acccpi a Patre meo». Apoc. 2. 26-28.

y las desmenuzará como vaso de alfarero, conforme al poder que Él ha recibido de su Padre»[5]. Es decir: que les hará reinar y dominar como Él en todo el universo; que les constituirá jueces de todo el mundo con Él[6] y que juzgarán y condenarán con Él a los impíos en el día del juicio.

Les promete que les revestirá de sus colores; a saber, blanco y rojo, que son los colores del Rey de los Mártires, según estas palabras de la Esposa: «Mi Amado es rubio y blanco»[7]. Estos son también los colores de los mártires: llevan las libreas de su martirio. Van vestidos de blanco. Dice la divina palabra: «Lavaron sus vestiduras y las blanquearon en la sangre del Cordero»[8]. Y Jesús dice: «Andarán conmigo en el cielo vestidos de blanco. El que venciere será vestido de ropas blancas»[9], porque el martirio es un bautismo que borra toda clase de pecados, y reviste las almas de los santos Mártires de gloria y luz inmortal. Están además vestidos de rojo, que significa la sangre que han derramado, así como también el amor ardentísimo con que la han derramado.

Les anuncia «que escribirá sobre ellos el nombre de su Dios y de su Padre y el nombre de la ciudad de su Dios» (10)[10]; que es como si dijera, según la explicación del piadoso y docto Ruperto: Serán mi padre y mi madre: yo les mirare, amaré y trataré como tales. Porque también en

---

[5] «Judicabunt nationes et dominabuntur populis». Sap. III. 3.

[6]

[7] «Dilectus meus candidus et rubicundus». Cant. V. 10.

[8] «Laverunt stolas suas, et dealbaverunt in sanguine Agni». Apoc., VII. 14.

[9] «Ambulabunt mecum in vestimentis albis. Qui viceril sic vestietur albis». Apoc., III. 4-5.

[10] «Scribam super eum nomen Dei mei, et nomen civitatis Dei mei». Apoc., II. 112.

otra parte ha dicho el mismo Señor que «cualquiera que hiciere la voluntad de su Padre que está en los cielos, ése es su hermano y su hermana y su madre»[11]. Ahora bien, no haya nada en que tan perfectamente se cumpla la voluntad de Dios como en el martirio. Por esto el Hijo de Dios, hablando de su Padre y de sus santos Mártires, dice que «ha cumplido maravillosamente todos sus deseos. en los santos que moran en la tierra»[12]. Les dice además «que escribirá sobre ellos su nombre nuevo, que es Jesús»[13]; porque, habiendo los santos Mártires imitado perfectamente a Jesús, mientras estuvieron en la tierra, se asemejarán a Él en el cielo de modo tan admirable, que serán llamados Jesús, y en realidad lo serán de cierta y admirable manera, a saber, mediante una perfectísima semejanza y maravillosa transformación.

Les da palabra de que «les hará sentar con Él en su trono, como Él se sentó con su Padre en su trono»[14]. Y la santa Iglesia en la fiesta de cada mártir, nos lo presenta hablando así a su Padre; «Quiero, oh Padre mío, que mi servidor esté donde yo estoy»[15]. Es decir: que esté morando y descansando conmigo, en vuestro seno y en vuestro paternal corazón.

No se me oculta que la mayor parte de estas promesas hechas a los mártires, se dirigen también a los demás

---

[11] «Quincunque enim fecerit voluntatem Patris mei, qui in coelis est, ipse meus frater, et soror, et mater est». Matth., XII, 50.

[12] «Sanctis, qui sunt in taerra ejus. mirificavit omnes voluntates meas in eis». Ps,, XV. 3.

[13] «Scribam super eum... nomen meum novum». Apoc., III, 12.

[14] «Qui vicerit, dabo ei sedere mecum in throno meo: sicut et ego vici, et sedi cum Pare meo in throno ejus». Apoc., III, 21.

[15] «Volo, Pater, ut ubi ego sum, illic sit et minister meus». Brev. Rom. ad laud.

Santos; no obstante, aplícanse a los mártires de una manera mucho más especial y ventajosa porque éstos son los Santos de Jesús, que llevan su sello y divino carácter, a quienes ama con particular amor y distingue con privilegios extraordinarios.

¡Oh bondad, oh amor, oh exceso de bondad y de amor de Jesús para con sus santos Mártires! ¡Qué dichosos son los que llevan en sí la imagen perfecta de vuestra santísima vida y de vuestra amorosísima muerte! ¡Qué felices los que lavan sus vestiduras en la sangre del Cordero![16]. Tanto, que, para hablar el lenguaje del sagrado evangelio: aquí está el fin de toda perfección y la consumación final y perfecta de toda santidad; puesto que el hombre nada más grande puede hacer que sacrificarle lo que le es más querido, su sangre y su vida, morir por Él[17]; en lo cual consiste el verdadero y perfecto martirio.

Hay diversas clases de martirios y de mártires. Unos son mártires en cierta manera, ante Dios; dispuestos y animados de una verdadera voluntad a morir por Nuestro Señor, aunque en realidad, no den por Él su vida. Otros son también, en cierta manera mártires, dice San Cipriano, porque prefieren morir antes que ofenderle[18]. Mortificar su carne y sus pasiones, resistir a sus desarreglados apetitos, y perseverar así hasta el fin por amor de Nuestro Señor, es una especie de martirio, dice San Isidoro[19]. Sufrir con paciencia por este mismo motivo las necesidades y miserias de la pobreza, o cualquier otra aflicción, aguantar con dulzura las injurias, calumnias y persecuciones, no volver

---

[16] «Beati qui lavant stolas suas in sanguine Agni». Apoc. XXII, 14.
[17] Joan, XV. 13 y S. Th., 2-2. 124-3.
[18] De Exhortatione martirii. C. 12.
[19] Etymol. I-VII. C. II.

mal por mal, antes, bendecir a los que nos odian, es otra clase de martirio, dice San Gregorio el Grande.

Pero el verdadero y perfecto martirio no consiste solamente en sufrir sino en morir. De suerte que la muerte es de esencia el verdadero y perfecto martirio. Esto quiere decir que, para ser verdadera y perfectamente mártir, en el sentido que la Iglesia toma la palabra mártir, es necesario morir, y morir por Jesucristo.

Es, por lo tanto, cierto que si alguno realiza alguna acción por amor de Nuestro Señor Jesucristo, o sufre alguna pena por este motivo, que, según el curso ordinario de las cosas debería acarrearle la muerte, y por un favor extraordinario y milagroso de Dios, se ve preservado de ella; aunque después viva largo tiempo y muera al fin de muerte común y ordinaria, sin embargo. Dios que le ha librado milagrosamente de la muerte que estaba dispuesto a sufrir por Él, no le privará de la corona del martirio, con tal que persevere hasta el fin en su gracia y en su amor. Testigos: San Juan Evangelista [20]. Santa Tecla, la primera de su sexo que sufrió el martirio por Jesucristo [21], San Félix, sacerdote de Ñola[22]. y otros que la iglesia honra como verdaderos mártires, aunque no hayan muerto en las manos de los tiranos o en los tormentos que sufrieron por Nuestro Señor.

---

[20] «Joannes Evangelista senio confectus quievit, sed tanquam martyr celebratur ab Ecclesia, die 6 maii, propter cruciatum quem Romae passus est. In ferventis etenim olei dolium conjectus, divina prolegente eum gratia, illaesus evasit». Ben. XIV. le bealific.

[21] «Sancta Thecla Protomartyr a Patribus appellatur, cum prima fuerit ex feminis, quae martyrium pro Christo subierit. Fuit nempe ad bestias damnata, sed incolumnis evasit, non sine speciale ope divina». Bened. XIV (23 Sep.).

[22] Mari. Rom. 14 Jan.

Pero fuera de esto, fuera del milagro que estorba el efecto de la muerte, para ser verdaderamente mártir, es necesario morir, y morir por Jesucristo. Es decir: morir, o por su misma persona, o por mantener el honor de algunos de sus misterios y sacramentos, o por la defensa de su Iglesia, o por sostener alguna verdad que Jesús enseñó, o alguna virtud que Él practicó, o por evitar algún pecado bajo el punto de vista de que le es desagradable, o por amarle tan ardientemente que la violencia sagrada de su divino amor nos haga morir, o por realizar alguna acción que se refiera a su gloria.

Porque el doctor angélico nos asegura que cualquiera acción, aunque sea humana y natural, referida a la gloria de Dios y hecha por su amor, puede hacernos mártires, y de hecho nos hace, si viene a ser causa de nuestra muerte[23].

Por esto os aconsejo y exhorto que tengáis un gran deseo de elevar vuestro corazón a Jesús, al comenzar vuestras obras, a fin de ofrecérselas y protestar que las queréis hacer puramente por amor y por su gloria. Porque, si por ejemplo, la asistencia corporal o espiritual que prestáis a un enfermo, o cualquiera otra cosa semejante, os proporciona un mal que sea causa de vuestra muerte, y habéis practicado realmente esta acción por amor de Nuestro Señor Jesucristo, seréis reputado ante Él como mártir y tendréis parte en la gloria de los santos Mártires que están en el cielo (24)[24]. Y mucho más si la amáis tan fuerte y ardientemente que el esfuerzo y el poder del amor divino destruya en vosotros la vida corporal. Porque esta

---

[23] 2-2-124 5 ad 3.

[24] «De los que mueren por caridad, sirviendo a los apestados, dice el Martirologio Romano»: "Quos veluti martyres, religiosa fides venerari consuevit».

muerte es un martirio eminente, es el más noble y santo de todos los martirios. Es el martirio de la Madre del amor, la Santísima Virgen. Es el martirio del gran San José, de San Juan Evangelista, de Santa Magdalena, de Santa Teresa, de Santa Catalina de Génova, y de muchos otros Santos y Santas. Es hasta el martirio de Jesús que murió, no sólo en el amor y por el amor, sino por el exceso y fuerza de este mismo amor.

CAPITULO 21

Que todos los cristianos deben ser mártires y vivir con el espíritu de martirio y cuál es este espíritu

Todos los cristianos, de cualquier estado y condición que sean, deben estar siempre preparados a sufrir el martirio por Jesucristo Nuestro Señor; y están obligados a vivir con la disposición y el espíritu del martirio, por varias razones.

Porque pertenecen a Jesucristo por infinidad de títulos; por donde, así como no deben vivir sino por Él, así están obligados a morir por Él, según estas sagradas palabras de San Pablo; «Ninguno de nosotros vive para sí. y ninguno de nosotros muere para sí. Que, como somos de Dios, si vivimos, para el Señor vivimos, y si morimos, para el Señor morimos. Ora, pues, vivamos, ora muramos, del Señor somos. Porque a este fin murió Cristo, y resucitó:

para redimirnos y adquirir un soberano dominio sobre vivos y muertos»[1].

Porque, no habiéndonos Dios dado el ser y la vida sino para su gloria, estamos obligados a glorificarle de la manera más perfecta posible, a saber: sacrificándole nuestro ser y nuestra vida en homenaje de su vida y de su ser supremo, protestando por ello, que Él sólo es digno de ser y de vivir, y que toda otra vida debe ser inmolada a los pies de su vida soberana e inmortal.

Mándanos Dios que le amemos con todo nuestro corazón, con toda nuestra alma y con todas nuestras fuerzas; es decir: con el más perfecto amor que podamos. Ahora bien, para amarle de esta manera, debemos amarle hasta el punto de derramar nuestra sangre y dar nuestra vida por El. Porque en esto consiste el sumo grado del amor, visto lo que dice el Hijo de Dios: «Nadie tiene amor más grande que el que da su vida por sus amigos»[2].

Nuestro Señor Jesucristo, asi como tuvo desde el momento de su Encarnación una sed ardentísima y un inmenso deseo de derramar su sangre y de morir por la gloria de su Padre y por nuestro amor, y no pudiendo por entonces cumplir este deseo por Él mismo, porque todavía no había llegado el tiempo señalado para ello por la ordenación de su Padre, escogió a los Santos Inocentes Mártires para satisfacer por medio de ellos este su deseo y morir de alguna manera en ellos: del mismo modo, después

---

[1] «Nemo enim vestrum sibi vivit. et nemo sibi moritur; sive enim vivimus. Domino vivimus, sive morimur, Domino morimur. Sive enim vivimus. sive morimur, Domini sumus. In hoc enim Christus mortuus est et resurexit, ut et vivorum et moruorum dominetur». Rom. XIV. 7-10.

[2] «Majorem hac dilectionem nemo habet, ut animam suam ponat quis pro amicis suis». Joan, XV. 13.

que resucitó y subió a los cielos, conserva siempre este mismo deseo de sufrir y de morir por la gloria de su Padre y por nuestro amor. Pero, no pudiendo sufrir ni morir por Él mismo, quiere sufrir y morir en sus miembros, y busca por todas partes personas en las que Él pueda efectuar este deseo. Por esto, si tenemos algún celo por que se cumplan estos deseos de Jesús, debemos ofrecernos a Él, a fin de que refresque, si es lícito hablar así, esta sed en nosotros y logre este su inmenso deseo de derramar su sangre y de morir por el amor de su Padre.

Como ya se dijo, hemos profesado en el bautismo unirnos a Jesucristo, seguirlo e imitarle; ser, por consiguiente, víctimas consagradas y sacrificadas a su gloria, y a estar siempre dispuestos a sacrificarle nuestra vida y cuanto hay en nosotros, según estas santas palabras: «Por amor de ti, estamos todos los días destinados a la muerte: somos reputados como ovejas para el matadero»[3].

Siendo Jesucristo nuestra cabeza y nosotros sus miembros, como debemos vivir de su misma vida, así estamos obligados a morir con su muerte; puesto que es evidente que los miembros deben vivir y morir la vida y la muerte de su cabeza, conforme a este texto sagrado de San Pablo: «Traemos siempre representada en nuestro cuerpo por todas partes la mortificación de Jesús, a fin de que la vida de Jesús se manifieste también en nuestros cuerpos. Porque nosotros, bien que vivimos, somos continuamente entregados en manos de la muerte por amor de Jesús: para

---

[3] «Propter te mortificamur toda die: aestimati sumus sicut oves occisionis». Ps. XLIII. 22.

que la vida de Jesús se manifieste asimismo en nuestra carne mortal»[(4)].

Pero, sobre todo, la razón más poderosa y apremiante que nos obliga al martirio es, el martirio sangriento y la muerte dolorosísima que Jesucristo Nuestro Señor sufrió en la cruz por nuestro amor.

Porque este amabilísimo Salvador no se contentó con emplear por nosotros toda su vida; quiso también morir por nuestro amor, y, en efecto, murió con la muerte más cruel e ignominiosa que ha habido ni habrá jamás. Dio una vida, de la que un solo momento vale más que todas las vidas de los hombres y de los ángeles, y estaría dispuesto, si fuera preciso, a darla hasta mil veces. Y, en efecto, está continuamente en estado de hostia y víctima en nuestros altares, donde es y será inmolado todos los días y a todas horas hasta el día del juicio, cuantas veces el divino sacrificio incruento y sin dolor del altar es y será celebrado hasta el fin del mundo; atestiguándonos con ello, que está dispuesto, si hubiera necesidad, a ser sacrificado otras tantas veces por nuestro amor, con sacrificio sangriento y doloroso como el del calvario.

¡Oh qué bondad, oh qué amor! Ya no me admiro de ver cien, doscientos, cuatrocientos, mil, diez mil, veinte mil, treinta mil, trescientos mil mártires que derraman su sangre y dan su vida por Jesucristo. Porque, habiendo muerto Jesucristo por todos los hombres, ciertamente, todos los hombres deberían morir por Él. No me extraña ya que los Santos Mártires y todos aquellos a quienes

---

[4] «Scmper mortificationem Jesu in corpore nostro circunferentes, ut et vita Jesu manifestetur in corporibus nostris. Semper enim nos qui vivimus, in mortem tradimur propter Jesum, ut et vita Jesu manifestetur in carne nostra mortali». 2 Cor. IV, 10-11.

Jesús ha hecho conocer y sentir los santos ardores de ese divino amor que le clavó en la cruz, tengan una sed tan ardiente y un deseo tan inflamado de sufrir y morir por su amor. No me extraña que muchos hayan, en efecto, sufrido tormentos tan atroces, y con tanto gozo y alegría, que antes se cansaban los verdugos de atormentar que ellos de aguantar; y que todo cuanto de más cruel sufrían, no les pareciera nada, en relación con el deseo insaciable que tenían de sufrir por Jesucristo. Pero, si me admiro de vernos ahora tan fríos en el amor de un Salvador tan amable, tan cobardes para sufrir las menores cosas, tan apegados a una vida tan miserable y despreciable como la vida de la tierra, y tan lejos de querer sacrificarla por quien sacrificó por nosotros la suya tan digna y tan preciosa.

¡Qué falsedad! decirse cristiano, y adorar a un Dios crucificado, a un Dios agonizante y muerto en una cruz, a un Dios que pierde por nuestro amor una vida tan noble y excelente, a un Dios que se sacrifica todos los días ante nuestros ojos en nuestros altares por el mismo fin, y no estar dispuestos a sacrificarle cuanto podemos tener de más querido en el mundo, nuestra misma vida que, por otra parte, por tantas razones le pertenece. Ciertamente no somos de verdad cristianos si no nos encontramos en esta disposición. Por esto os digo, y es cosa clara para quien considere bien las precedentes verdades, que todos los cristianos deben ser mártires, sino por el efecto, sí, al menos, por la disposición y por la voluntad. Cosa verdadera es que si no somos mártires de Jesús lo seremos de Satanás. Escoged de ambas cosas la que más queráis. Si vivís bajo la tiranía del pecado, seréis mártir de vuestro amor propio y de vuestras pasiones, y por consiguiente, mártir del diablo.

Pero, si deseáis ser mártir de Jesucristo, procurad vivir con el espíritu del martirio.

¿Cuál es el espíritu del martirio? Es un espíritu que tiene cinco cualidades muy excelentes:

Es un espíritu de fortaleza y de constancia que no puede ser debilitado ni vencido con promesas ni con amenazas, con dulzuras ni con rigor, y que no teme nada, más que a Dios y al pecado.

Es un espíritu de profundísima humildad que aborrece la vanidad y la gloria del mundo y que ama los desprecios y humillaciones.

Es un espíritu de desconfianza de sí mismo y de absoluta confianza en Nuestro Señor, como en quien está nuestra fuerza y en cuya virtud lo podemos todo.

Es un espíritu de desprendimiento el más perfecto del mundo y de todas las cosas del mundo. Porque han sacrificado su vida a Dios, deben también sacrificarle todas las demás cosas.

Es un espíritu de amor ardentísimo a Nuestro Señor Jesucristo que conduce a los que están animados de este espíritu, a hacerlo y sufrirlo todo por amor de quien todo lo hizo y lo sufrió por ellos, y que de tal modo les abrasa y embriaga, que miran, buscan y desean por su amor, las mortificaciones y sufrimientos como un paraíso y huyen y aborrecen los placeres y delicias de este mundo como un infierno.

He aquí el espíritu del martirio. Rogad a Nuestro Señor, Rey de los Mártires, que os llene de este espíritu.

Rogad a la Reina de los Mártires y a todos los Mártires que con sus oraciones os obtengan este espíritu del Hijo de Dios. Tened devoción especial a todos los santos mártires. Rogad también a Dios por todos los que tienen que sufrir el martirio, a fin de que les dé la gracia y el espíritu del martirio; pero especialmente, por los que lo tendrán que sufrir en el tiempo de la persecución del Anticristo, que será la más cruel de todas las persecuciones.

En fin, procurad imprimir en vosotros, por medio de la imitación, una imagen perfecta de la vida de los santos Mártires, y lo que es más: de la vida del Rey y de la Reina de los Mártires, Jesús y María, a fin de que os haga dignos de ser semejantes a ellos en vuestra muerte.

TERCERA PARTE

Que contiene algunos de los principales y más importantes ejercicios necesarios para vivir cristiana y santamente, y para formar, santificar, hacer vivir y reinar a Jesús en nosotros.

EJERCICIOS PARA LA MAÑANA

CAPITULO 1

Que Jesús debe ser nuestro principio y fin en todas las cosas, y lo que hay que hacer por la mañana al despertarse.

Jesús, Hijo único de Dios, Hijo único de María, siendo, según el lenguaje de su Apóstol, el *autor y consumador de la je* y de la piedad cristiana, y según El mismo, siendo el *alfa* r *el o niega, el primero y el último, el principio y el fin de todas las cosas,* es justo que sea el principio y el fin de toda nuestra vida, de todos nuestros años, de lodos nuestros meses, de todas nuestras semanas, de todos nuestros días y de todos nuestros ejercicios. Por esta razón, del mismo modo que hubiéramos debido consagrarle el comienzo de nuestra vida, si por entonces hubiéramos tenido uso de razón, y del mismo modo que deseamos terminarla en su gracia y en el ejercicio de su amor, así también, si deseamos obtener este favor de su bondad, debemos poner cuidado en consagrarle, por medio de algún ejercicio de piedad y amor hacia él, el comienzo y el fin de cada año, de cada mes, de cada semana, y especialmente de cada día. Porque es cosa de gran importancia empezar y concluir bien cada día, pero particularmente empezarlo bien, llenando nuestro espíritu desde la mañana con algún buen pensamiento, y ofreciendo a Nuestro Señor nuestras primeras acciones, porque de esto depende la bendición de todo el resto de la jornada.

Por ello, tan pronto os despertéis por la mañana, elevad vuestro ojos hacia el cielo, y vuestro corazón hacia Jesús, a fin de consagrarle por este medio el primer empleo de vuestros sentidos y los primeros pensamientos y afectos de vuestro espíritu y vuestro corazón.

Que la primera palabra que pronunciéis sea el santo nombre de Jesús y de María, de este modo: *Jesús. María,* ¡Oh Jesús! ¡Oh María. Madre de Jesús! ¡Oh buen Jesús, os entrego mi corazón para siempre! ¡Oh María. Madre de Jesús, os entrego mi corazón; os ruego que lo entreguéis a vuestro Hijo! *l'eni. Domine Jesu,* venid Señor Jesús, venid a mi espíritu y a mi corazón, para llenarlo y poseerlo por completo; ¡Oh Jesús, permaneced conmigo!

Que la primera acción exterior que hagáis sea la señal de la cruz diciendo con la boca; En el nombre del Padre, y del Hijo, y del Espíritu Santo, y entregándoos de corazón al Padre, al Hijo, y al Espíritu Santo, a fin de que os posean perfectamente.

Al llegar la hora de levantaros, acordaos del inmenso amor por el que el Hijo de Dios, en el momento de su Encarnación, salió del seno de su Padre, lugar (si se puede usar esta palabra) lleno de delicias, de reposo y de gloria para el, y vino a la tierra para estar sometido a nuestras miserias, y para cargar con nuestros dolores y tristezas. Y en honor y unión con este mismo amor, levantaos rápida y valientemente de la cama diciendo: *Surgam et quaeram quem diligit anima mea:* «Me levantaré y buscaré a quien mi alma ama». Y al pronunciar estas palabras *quem diligit anima mea,* «a quien mi alma ama», desead pronunciarlas, en la medida que sea posible, con todo el amor que es dirigido a Jesús en el cielo y en la tierra.

Después, postrándoos en tierra, adorad a este mismo Jesús, diciendo: *Adoramis te, Domine Jesu, et benedicimus tibi, et diligimus te ex toto corde nostro, ex tota anima nostra, et ex totis viribus nostris:* «Os adoramos, oh Señor Jesús, os bendecimos, y os amamos con todo nuestro corazón, con toda nuestra alma y con todas nuestras fuerzas». Y diciendo estas palabras, desead decirlas, en la medida que se puede, con toda la humildad, devoción y amor del cielo y de la tierra, y por todas las criaturas que están en el universo.

CAPITULO 2

Lo que hay que hacer al vestirse

Al vestimos, por miedo a que el espíritu del mal llene vuestro espíritu de pensamientos inútiles o malos, llenadlo de buenos. Y a este fin acordaos que Nuestro Señor Jesucristo se revistió por medio de su Encarnación, de nuestra humildad, de nuestra mortalidad, y de todas nuestras miserias y necesidades humanas a las que estamos sujetos; y que se rebajó a un estado en el que tuvo necesidad de vestidos como vosotros, y todo esto por amor a vosotros; y después elevad vuestro corazón hacia él y decidle así:

«Oh Señor, sed por siempre bendecido y exaltado, por haber sido humillado por amor hacia mí. Oh Jesús, os ofrezco la acción que ahora realizo, en honor de la acción que realizásteis cuando revestísteis vuestra divinidad con nuestra humildad, y cuando revestísteis esta misma humanidad con ropas parecidas a éstas con las que nos revestimos nosotros, y deseo hacer esta acción con las mismas disposiciones e intenciones con las que Vos la hicisteis».

Pensad también cuántos pobres hay completamente desnudos, y sin nada con que cubrirse, que no han ofendido a Dios tanto como vosotros, y que al menos Nuestro Señor, en un exceso de bondad, os ha dado con que revestiros más que a ellos; y con este pensamientos, elevad vuestro espíritu hacia él de este modo:

«Oh Dios mio, os bendigo mil veces por todas las misericordias que me dispensáis. Os suplico que veléis por las necesidades de todos los pobres; y que del mismo modo que me habéis dado con que revestir mi cuerpo, revistáis también mi alma con Vos mismo, es decir con vuestro espíritu, con vuestro amor, con vuestra caridad, humildad, dulzura, paciencia, obediencia, y vuestras otras virtudes».

CAPITULO 3

Que toda nuestra vida pertenece y debe ser consagrada y empleada en la gloria de Jesús

Toda nuestra vida, con sus pertenencias y dependencias, pertenece a Jesús por cinco conceptos generales que comprenden una infinidad de particulares:

Porque es nuestro Creador, que nos ha dado el ser y la vida, que ha imprimido en nuestro ser y en nuestra vida una imagen y semejanza de su vida y su ser. Por esta razón nuestra vida y nuestro ser le pertenecen absoluta y universalmente en todos sus usos, y debe tener una mirada y una relación continua hacia él, como la imagen hacia su prototipo.

Porque es nuestro Conservador, que nos conserva en cada momento en el ser que nos ha dado, y que nos lleva continuamente entre sus brazos, y con más cuidado y amor que el de la madre que lleva a su hijito.

Porque, según la Palabra sagrada, su Padre le ha dado toda la eternidad, le da incesantemente, y le dará eternamente todas las cosas en general y a cada uno de nosotros en particular.

Puesto que es nuestro Redentor que nos ha librado de la esclavitud de Satán y del pecado, y nos ha comprado con el precio de su sangre y de su vida, y que por consiguiente ha comprado todo lo que hay en nosotros y de nosotros, es decir toda nuestra vida, todo nuestro tiempo, todos nuestros pensamientos, palabras y acciones, todo lo que está en nuestros cuerpos y en nuestras almas, todo el uso de los sentimientos de nuestros cuerpos y de las potencias de nuestras almas; como también todo el uso que hacemos de las cosas exteriores que están en el mundo.

Porque no solamente nos ha adquirido por su sangre todas las gracias que son necesarias para la santificación de nuestras almas, sino también todas las cosas que requieren para la conservación de nuestros cuerpos. Por nuestros pecados no tendríamos ningún derecho ni a andar sobre la tierra, ni a respirar el aire, ni a comer un trozo de pan, ni a beber una gota de agua, ni a servimos de ninguna cosa de las que hay en el mundo, si Jesucristo no nos hubiera adquirido este derecho por su sangre y por su muerte. Por ello, todas las cosas que hay en nosotros, pertenecen a Jesucristo y no deben ser empleadas más que para él, como cosas que ha adquirido con el precio de su sangre y de su vida.

Porque nos ha dado todo lo que tiene y todo lo que es. Nos ha dado a su Padre para que sea nuestro padre, haciéndonos hijos del mismo Padre del que él es Hijo. Nos ha dado a su Espíritu Santo para que sea nuestro propio espíritu, y para enseñarnos, guiamos y conducirnos en todas las cosas. Nos ha dado a su santa Madre para que sea nuestra madre. Nos ha dado a sus Angeles y sus Santos para que sean nuestros protectores e intercesores. Nos ha dado todas las otras cosas que están en el cielo y en la tierra, para nuestros usos y necesidades. Nos ha dado su propia persona en su Encarnación. Nos ha dado toda su vida, no habiendo pasado ni un solo momento que no haya empleado para nosotros: no habiendo tenido un pensamiento, dicho una palabra, hecho una acción ni un solo paso, que no lo haya consagrado a nuestra salvación. Por último nos ha dado en la santa Eucaristía su cuerpo y su sangre, y además su alma y su divinidad y en su humanidad, y esto todos los días o al menos tantas veces como queramos disponemos a recibirle.

Siendo esto así, ¿cuánto estamos obligados a entregarnos enteramente a él y a ofrecerle y consagrarle todas las funciones y ejercicios de nuestra vida? Ciertamente si tuviéramos todas las vidas de todos los Angeles y de todos los hombres que han sido, son y serán, deberíamos consumirlos en su servicio, aún cuando él no hubiera empleado más que un momento de su vida para nosotros, ya que un solo momento de su vida vale más que mil eternidades, por así decirlo, de todas las vidas de los Angeles y de los hombres que ha habido, hay y habrá. ¿Cuánto, pues, estamos obligados a consagrar y emplear el poco de vida y de tiempo que tenemos que estar sobre la tierra? A tal efecto, la primera y principal cosa que debéis hacer, es conservaros cuidadosamente en su gracia y amistad, temiendo y huyendo de todo lo que pueda haceros perderla, es decir todo tipo de pecado, más que la muerte y más que todas las cosas más temibles del mundo. Si por desgracia sucede que caéis en algún pecado, levantaos de inmediato por medio de la santa confesión y de la contrición, de lo que se hablará más adelante. Pues igual que las ramas, las hojas, las flores, los frutos y todo lo que hay en un árbol, es de aquél a quien el tronco del árbol pertenece, así también, mientras que pertenezcáis a Jesucristo y estéis unidos a él por su gracia, toda vuestra vida con todas sus dependencias, y todas las acciones que realicéis, que por si mismas no sean malas, le pertenecerán. Pero, además de esto, voy a proponeros otros tres medios, de uso muy dulce y fácil, por medio de los cuales toda nuestra vida será mucho más perfecta y santamente empleada en el amor y en la gloria de Jesús.

CAPITULO 4

Tres medios para hacer de manera que toda nuestra vida sea un ejercicio continuo de alabanza y de amor hacia Jesús

Para consagrar y emplear toda vuestra vida a la gloria de Jesús, además de lo que se ha dicho anteriormente, tenéis además que hacer tres cosas, que se contienen en la elevación de la mañana, que se expondrá más adelante.

Una vez vestidos, antes de salir de casa y de realizar ninguna otra acción, poneos de rodillas; y de las veinticuatro horas que hay en el día, entregad al menos la mitad de un cuarto de hora a quien os ha dado toda su vida, a fin de adorarlo, de darle las gracias, y de ofreceros a él, así como todas las acciones que hagáis durante el día, con la intención de hacerlas todas por su gloria. Sabemos, por los libros de santa Gertrudis, que Nuestro Señor le aseguró que le era muy agradable que le ofreciera todas sus acciones mínimas, incluso todas sus respiraciones y todos los latidos de su corazón. En virtud de esta oblación, todos vuestros pasos, todas vuestras respiraciones, todos los latidos de vuestro corazón, todo el uso de vuestros sentidos interiores y exteriores, y en general todas las acciones que hagáis, que no sean malas, pertenecerán a Jesucristo y serán otros tantos actos de glorificación hacia él.

Advertid, por favor, que cuando os exhorto a poneros de rodillas todas las mañanas en vuestra casa para adorar a Nuestro Señor Jesucristo, para darle gracias y para ofreceros a él, no quiero decir que estos actos sean hechos hacia la persona del Hijo de Dios solamente, sino hacia la Santísima Trinidad, Padre, Hijo y Espíritu Santo. Lo que se hace siempre infaliblemente, aunque no siempre se considere expresamente. Porque, ya que Jesucristo es uno con el Padre y el Espíritu Santo, y la Santísima Trinidad, o como dice San Pablo, toda la plenitud de la divinidad habita en Jesucristo, hay que concluir necesariamente que adorar y glorificar a Jesús es adorar y glorificar al Padre y al Espíritu Santo; ofrecer a Jesús toda la gloria que se le ofrece en el cielo y en la tierra, es ofrecer esta misma gloria al Padre y al Espíritu Santo; y pedir al Padre y al Espíritu Santo que glorifiquen a Jesús, es pedirles que se glorifiquen a si mismos. Siguiendo esta verdad, he aquí la segunda cosa que debéis hacer por la mañana, si deseáis que toda vuestra vida sea un perpetuo ejercicio de glorificación y de amor hacia Jesús, y por consiguiente hacia el Padre, el Hijo y el Espíritu Santo.

Ofreced a este mismo Jesús todo el amor y toda la gloria que le serán rendidos ese mismo día en el cielo y en la tierra y que os unís a todas las alabanzas que le serán dadas ese mismo día por su Padre eterno, por él mismo, por su Espíritu Santo, por su bienaventurada Madre, por todos sus Angeles y Santos, y por todas las criaturas; y de este modo estaréis asociados al amor y a las alabanzas que se le harán continuamente durante ese día.

Pedid a todos los Angeles, a todos los Santos, a la Santísima Virgen, al Espíritu Santo y al Padre Eterno, que glorifiquen y amen a Jesús por vosotros durante ese día, y con toda seguridad lo harán; porque es la oración más agradable que se les pueda hacer, y la que escuchan y atienden con más gusto. Y así tendréis parte especial en el amor y la gloria que Jesús recibe continuamente de estas santas y divinas personas; y recibirá este amor y esta gloria, como si en cierto modo le fuesen ofrecidos por vosotros, puesto que serán ofrecidos a vuestra petición y súplica.

Haciendo un uso fiel de estas tres prácticas todas las mañanas, cada día de vuestra vida y toda vuestra vida juntamente será un perpetuo ejercicio de amor y de gloria hacia Jesús. Si hubiera un hombre en el mundo tan execrable, que quisiera que todas sus acciones y respiraciones fuesen otras tantas blasfemias contra Dios, y además de esto tuviera la intención de unirse a todas las blasfemias que se cometen en la tierra y en el infierno, y no contento con esta impiedad invitara y excitara a todos los demonios y a los hombres malvados a blasfemar por él. ¿no es cierto que por su intención detestable, todas sus acciones y respiraciones serían otras tantas blasfemias, y todas las que se hicieran en la tierra y en el infierno le se rían imputadas a él? Por el contrario si ejercitáis esas tres prácticas anteriormente propuestas, es muy cierto que en virtud de la santa intención que tendréis, todas las acciones de vuestra vida serán otros tantos actos de alabanza a Dios, y que seréis asociados de una manera especial a todo el honor que se le rinde incesantemente en la tierra y en el cielo.

Además de esto, es bueno también que hagáis todas las mañanas un acto de aceptación, por amor a Nuestro Señor, de todas las molestias que os sobrevendrán durante el día; así como también un acto de renuncia a todas las tentaciones del espíritu del mal, y todos los sentimientos de amor propio y de las otras pasiones, que os podrán acometer durante el día. Estos dos actos son importantes; porque suceden mil pequeños disgustos durante el día, que simplemente pasan y no ponemos cuidado en ofrecerlos a Dios; así como también muchas tentaciones y movimientos de amor propio, que se deslizan insensiblemente en nuestras acciones. Así pues, en virtud del primer acto. Dios será glorificado en todas las penas, ya sean del cuerpo o del espíritu, que experimentéis durante el día, al haberlas aceptado desde la mañana por amor a él; y en virtud del segundo, os dará la fuerza para resistir más fácilmente a las tentaciones malignas, y para destruir con mayor facilidad los efectos del amor propio y de los otros vicios.

Estos dos actos, con las tres prácticas precedentes, son contenidas en la elevación siguiente.

CAPITULO 5

Elevación a Jesús por la mañana

Oh adorable y amado Jesús, postrado a vuestros pies desde lo más profundo de mi nada, en la extensión inmensa de vuestro espíritu, en la grandeza infinita de vuestro amor, en todas las virtudes y potencias de vuestra divinidad y de vuestra humanidad, os adoro y os glorifico, os bendigo y os amo en todo lo que sois en general en Vos mismo y en todas las cosas, y os adoro, bendigo y amo en el interior de Vos, por Vos y con Vos a la santísima Trinidad. Os doy gracias infinitas por el cuidado y la vigilancia que habéis tenido sobre mí durante esta noche. Os ofrezco todas las bendiciones, que os han sido dadas durante esta misma noche, en el cielo y en la tierra.

Oh mi Salvador, yo me ofrezco y me consagro a Vos, y por Vos al Padre eterno, enteramente, absolutamente y para siempre. Os ofrezco mi cuerpo, mi alma, mi espíritu, mi corazón, mi vida, todas las partes de mi cuerpo, todas las potencias de mi alma, todos mis pensamientos, palabras y acciones, todas mis respiraciones, todos los latidos de mi corazón y de mis venas, todos mis pasos, todas mis miradas, todo el uso de mis sentidos interiores y exteriores, y en general todo lo que ha sido, es y será en mi, deseando que todas estas cosas sean consagradas a vuestra santa gloria, y que sean otros tantos actos de alabanza, de adoración y de amor puro hacia Vos. Haced, os ruego, Dios mió, por vuestro santo poder y misericordia, que esto sea así, a fin de que todo lo que hay en mí os rinda honor y homenaje continuo.

Os ofrezco también, oh amable Jesús, y por Vos a la santísima Trinidad, todo el amor y la gloria que os serán rendidos hoy y torda la eternidad en el cielo y en la tierra. Me uno a todas las alabanzas que han sido, son y serán hechas por siempre al Padre, al Hijo y al Espíritu Santo; al Hijo y al Espíritu Santo por el Padre; y al Padre, al Hijo y al Espíritu Santo por la Santísima Virgen, por todos los Angeles, por todos los Santos y por todas las criaturas.

Oh Jesús, adorad y amad al Padre y al Espíritu Santo por mí.

Oh Padre de Jesús, amad y glorificad a vuestro Hijo Jesús por mí.

Oh Espíritu Santo de Jesús, amad y glorificad a Jesús por mí.

Oh Madre de Jesús, bendecid y amad a vuestro Hijo Jesús por mí.

Oh bienaventurado San José, oh Angeles de Jesús, oh Santos y Santas de Jesús, adorad y amad a mi Salvador por mí.

Además de esto, acepto desde ahora por amor a Vos, oh mi Señor Jesús, todos los disgustos, reveses y aflicciones, del cuerpo o del espíritu, que me sucedan hoy y toda mi vida, ofreciéndome a Vos para sufrir todo lo que os plazca, por vuestra gloria y contentamiento.

Igualmente también declaro que renuncio desde ahora a todas las sugestiones y tentaciones del espíritu maligno, y que repruebo y detesto todos los movimientos, sentimientos y efectos de orgullo, del amor propio, y de todas las otras pasiones e inclinaciones malas que hay en mí.

Os suplico, oh mi Salvador, que imprimáis en mi corazón. un odio, un horror v un temor al pecado, mayor que todos los males del mundo; que hagáis que muera antes que ofenderos voluntariamente: y me deis la gracia de que os sirva, hoy y todo el resto de mi vida, con fidelidad y amor, y que me comporte respecto a mi prójimo con toda caridad, dulzura, paciencia, obediencia y humildad.

CAPITULO 6

Otra elevación a Dios para santificar todas nuestras acciones, y hacerlas agradables a su divina Majestad

Oh Dios mio, mi Creador y soberano Señor, como soy todo vuestro por infinidad de conceptos, también todo lo que procede de mí debe ser vuestro. Vos me habéis creado para Vos: por ello debo ofrecerme a mí mismo y todas mis acciones, que no tendrán ningún valor si no os son ofrecidas. Así pues, yo, vuestra ruin criatura, os ofrezco ahora, y para cada momento de mi vida, a mí mismo y todas mis obras, particularmente las que debo hacer hoy, tanto las buenas como las indiferentes, tanto las libres como las naturales. Y a fin de que os sean más agradables, Dios mio, yo las uno a todas las de Jesucristo nuestro Señor, y de la santísima Virgen María, su Madre, así como también las de todos los Espíritus bienaventurados, y de todos los justos que ha habido, hay y habrá en la tierra y en el cielo. Os consagro todos mis pasos, mis palabras, mis miradas, cada movimiento de mi cuerpo y cada pensamiento de mi espíritu, todas mis respiraciones, y en suma todas mis acciones, con la intención y el deseo, para cada una de esas mismas acciones, de rendiros una gloria infinita y amaros con un amor infinito. Y no sólo os ofrezco mi corazón, mi voluntad, mi entendimiento y a mí mismo de la manera que os es más agradable (lo que tengo intención de hacer en cada una de mis acciones); sino que también, en estas mismas acciones, os ofrezco y dedico todas las acciones de otras criaturas, especialmente las que no os son ofrecidas. Os ofrezco la perfección de todos los Angeles, la virtud de los Patriarcas, de los Profetas, y de los santos Apóstoles, los sufrimientos de los Mártires, las penitencias de los Confesores, la pureza de las Vírgenes, la santidad de todos los bienaventurados, y finalmente a Vos a Vos mismo; y todo esto no para obtener algo de Vos, ni siquiera el Paraíso, sino sólo para agradaros más y rendiros más gloria.

Además de esto tengo la intención de ofreceros desde ahora, en este estado de libertad, todos los actos de amor por los que yo os amaré necesariamente en la bienaventurada eternidad, así como lo espero de vuestra bondad. Lo mismo hago con todos los actos de las otras virtudes que haré, y que todos los bienaventurados harán en la gloria. Y porque cualquier cosa es tanto más excelente cuanto más os agrada y es más conforme a vuestr <text not clear> vina voluntad, en todo lo que haga, no sólo deseo ajustar mi voluntad a la vuestra, sino que también deseo hacer sólo lo que os sea más agradable, deseando que vuestra santa voluntad, no la mía, se cumpla en todas las cosas; y dicie do siempre con la boca y con el corazón, y en todas las acciones de mi vida: *Fiat, Domine, voluntas tua sicut in caelo et in terra:* «Señor, hágase vuestra voluntad así en la tierra como en el cielo».

Concededme. Dios mio, esta gracia, a fin de que pueda siempre amaros más ardientemente, serviros más perfectamente y actuar más puramente para vuestra gloria, y que me transforme tanto en Vos, que viva sólo en Vos, y para Vos sólo, y que todo mi paraíso, en el tiempo y en la eternidad, sea daros contentamiento.

A LA SANTISIMA VIRGEN

Oh Madre de Jesús, Reina del cielo y de la tierra, os saludo y honro como mi soberana Señora, a la que pertenezco, y de la que dependo ante Dios. Os rindo todo el honor y sumisión que puedo según corresponde a Dios y a vuestra grandeza. Yo me entrego todo a Vos; dadme, os lo ruego, a vuestro Hijo, y haced de modo que por vuestras oraciones, todo lo que hay en mí sea consagrado a su gloria y a la vuestra, y que muera antes que perder su gracia.

OH SAN JOSE

Oh bienaventurado San José, venerable padre de Jesús y dignísimo esposo de María, sed mi padre, mi protector y mi guía hoy y toda mi vida.

AL SANTO ANGEL DE LA GUARDA

Oh Santo Angel mio, me ofrezco a Vos, ofrecedme a Jesús y a su santísima Madre, y pedidles que me concedan la gracia de honrarlos y amarlos con toda la perfección que ellos piden de mí.

A TODOS LOS ANGELES Y SANTOS

Oh Santos Angeles, oh bienaventurados Santos y Santas, yo me ofrezco a Vos, ofrecedme a Jesús; pedidle, os ruego, que me de su santa bendición, a fin de que emplee fielmente este día en su servicio, y que muera antes que ofenderle.

PARA PEDIR LA BENDICION
A NUESTRO SEÑOR Y A SU SANTA MADRE

Oh Jesús, oh María, Madre de Jesús, dadme, os rugeo, vuestra santa bendición. *Nos cum Prole pía benedicat Virgo Maña. In nomine Patris, et Filii, et Spiritus sancti. Pater noster. Ave María. Credo in Deum.*

EJERCICIOS DURANTE EL DÍA

CAPITULO 7

Que Jesús es nuestro centro y nuestro paraíso y que debe ser nuestro único objeto

El primero y principal, incluso el único objeto de la mirada del amor y de la complacencia del Padre eterno es su Hijo Jesús. Digo el *único;* porque como el Padre divino ha querido que su Hijo *Jesús sea todo en todas las cosas y que todas las cosas sean consistentes en él y por él, según la palabra de su Apóstol, asi también mira y ama todas las cosas en él y no mira y ama más que a él en todas las cosas. Y como el mismo Apóstol nos enseña que él ha hecho todas las cosas en él y por él,* así también nos enseña *que ha hecho todas las cosas por él.* Y como *ha puesto en él todos los tesoros de su ciencia y su sabiduría,* de su bondad y de su belleza, de su gloria y de su felicidad y de todas sus otras perfecciones divinas, así también nos anuncia con fuerza y repetidas veces que *ha puesto toda su complacencia y sus delicias en su Hijo único* y *predilecto.* Lo que no excluye al Espíritu Santo, ya que es el Espíritu de Jesús, que es uno con Jesús.

A imitación de este Padre celestial, que debemos seguir e imitar como nuestro padre. Jesús debe ser el único objeto de nuestro espíritu y de nuestro corazón. Debemos contemplar y amar todas las cosas. Debemos realizar todas nuestras acciones en él y por él. Debemos poner todo nuestro contentamiento y nuestro paraíso en él; porque, así como él es el paraíso del Padre eterno, en el que se complace, así también este Padre santo nos lo ha dado, y se nos ha dado a si mismo para ser nuestro paraíso. Por ello nos manda que pongamos nuestra morada en él; *Múñete in me:* «Permaneced en mí». Y su discípulo predilecto nos reitera este mandato por dos veces: *Permaneced en él* -dice-*hijitos, permaneced en él.* Y San Pablo nos asegura que *no hay condena alguna para aquellos que permanecen en Jesucristo.* Por el contrario se puede decir que fuera de ello no hay más que perdición, maldición e infierno.

Pero daos cuenta aquí por favor, que cuando digo que Jesús debe ser nuestro único objeto, esto no excluye al Padre y al Espíritu Santo. Pues al aseguramos Jesús que *quien lo ve, ve a su Padre,* se deduce que quien habla de él habla también de su Padre y de su Espíritu Santo; que quien lo honra y lo ama, honra y ama igualmente a su Padre y a su Espíritu Santo; y que quien lo contempla como su único objeto, contempla conjuntamente a su Espíritu Santo.

Contemplad, pues, a este amabilísimo Salvador como el único objeto de vuestros pensamientos, deseos y afectos; como el único fin de todas vuestras acciones; como vuestro centro, vuestro paraíso y vuestro todo. Desde todas partes retiraos hacia él como un lugar de refugio, por medio de la elevación del espíritu y del corazón hasta él. Permaneced siempre en él, es decir que vuestro espíritu y vuestro corazón, todos vuestros pensamientos, deseos y afectos estén en él, y que todas vuestras acciones sean hechas en él y por él, del modo que se explicará más detalladamente en la sexta parte de este libro.

Considerad a menudo en vuestro espíritu esta palabra suya: *Unum est necessarium:* «Una sola cosa es necesaria», a saber, servir, amar y glorificar a Jesús. Considerad que fuera de ello *todo el resto no es más que locura, engaño, ilusión, pérdida de tiempo, aflicción del cuerpo y del espíritu, nada, vanidad y vanidad de vanidades;* que no estáis en la tierra más que para esta única cosa, que es la principal, la más importante, la más necesaria, la más urgente, incluso el principal asunto que tenéis en el mundo; que esto debe ser vuestro único y principal cuidado; que todos vuestros pensamientos, palabras y acciones deben tender a este fin. Por esta razón debéis poner cuidado, al comienzo de vuestras acciones, especialmente las principales, en ofrecerlas a Nuestro Señor, declarándole que las deseáis hacer para su pura gloria.

Si caéis en alguna falta, no os desaniméis, aunque cayerais varias veces; sino que humillaos profundamente ante Dios en vuestro propio espíritu, e incluso a veces, si el lugar y el tiempo os lo permiten, retiraos a algún lugar para poneros de rodillas y pedirle perdón, intentando hacer algún acto de contricción, y suplicando a Nuestro Señor Jesucristo que repare vuestra falta, que él os de nueva gracia y fuerza para impediros caer en ello de nuevo y que imprima nuevamente en vosotros la resolución de morir antes que ofenderle.

Acordaos de vez en cuando, que estáis ante Dios y dentro de Dios mismo; que Nuestro Señor Jesucristo, según su divinidad, os rodea por todas partes, incluso os impregna y os llena tanto que está más en vosotros que vosotros mismos; que piensa continuamente en vosotros, y que tiene siempre los ojos y el corazón vueltos hacia Vosotros. Que esto os mueva a pensar también en él, si no siempre, al menos no dejar pasar una hora entera sin elevar vuestro espíritu y vuestro corazón hacia él por medio de alguna de las siguientes elevaciones, u otras similares que su Espíritu Santo quiera inspiraros.

CAPITULO 8

Elevaciones a Jesús durante el día

¡Oh Jesús! ¡Oh buen Jesús! ¡Oh el único de mi corazón! ¡Oh amado de mi alma!

¡Oh objeto de todos mis amores; ¿cuándo será que os ame perfectamente?

¡Oh mi sol divino, iluminad las tinieblas de mi espíritu, encended las frialdades de mi corazón!

¡Oh luz de mis ojos, que os conozca y me conozca, a fin de que os ame y me odie!

¡Oh mi dulce luz, haced que vea claramente que todo lo que no sea Vos es la nada, engaño y vanidad!

¡Oh mi Dios y mi todo, separadme de todo lo que no sea Vos, para unirme del todo a vos!

¡Oh mi Todo, sed mi todo y que todo el resto sea nada para mí!

¡Oh mi Jesús, sed mi Jesús!

¡Oh vida de mi alma, oh Rey de mis amores, vivid y reinad en mí perfectamente!

¡Viva Jesús, viva el Rey de mi corazón, viva la Vida de mi vida, y que sea por siempre amado y glorificado por todo y en todas las cosas!

¡Oh fuego divino, fuego inmenso, que estáis en todas partes, fuego que consume y devora! ¿Cómo no me consumís por completo en vuestras llamas sagradas?

¡Oh fuego, oh llamas celestes, venid sobre mí, y transformadme todo en una pura llama de amor hacia mi Jesús!

¡Oh Jesús, Vos sois todo fuego y todo llama de amor hacia mí! ¡Ay! ¿Por qué no soy yo todo llama y todo fuego de amor hacia Vos?

¡Oh Jesús, Vos sois todo para mí! ¡Que yo sea todo para Vos para siempre!

¡Oh Dios de mi corazón! ¡Oh única herencia de mi alma! ¿Qué quiero yo en el cielo y en la tierra sino a Vos?

O unum necessarium! Unum quaero, unum desidero, unum vola, unum mihi est necessarium, Jesus meus, et omnia! ¡Oh lo único necesario, a quien busco, a quien deseo, a quien quiero, lo único que necesito, mi Jesús, que es todas las cosas y fuera del cual todo es nada!

Veni, Domine Iesu! ¡Venid, Señor Jesús, venid a mi corazón y a mi alma para que en él os améis a Vos mismo perfectamente!

¡Oh Jesús, ¿cuándo será que no haya nada más en mí que sea contrario a vuestro santo amor?

¡Oh Madre de Jesús, mostradme que Vos sois la Madre de Jesús, formándolo y haciéndolo vivir en mi alma!

¡Oh madre del amor, amad a vuestro Hijo por mí!

¡Oh buen Jesús, daos a Vos mismo al céntuplo todo el amor que habría debido daros en toda mi vida y que todas vuestras criaturas os deberían rendir!

¡Oh Jesús, os ofrezco todo mi amor del cielo y de la tierra!

¡Oh Jesús, os doy mi corazón, llenadlo de vuestro santo amor!

¡Oh Jesús, que todos mis pasos rindan homenaje a los pasos que Vos habéis dado en la tierra!

¡Oh Jesús, que todos mis pensamientos sean consagrados al honor de vuestros santos pensamientos!

¡Oh Jesús, que todas mis acciones den gloria a vuestras divinas acciones!

¡Oh mi Gloria, que sea yo sacrificado por entero a vuestra gloria eternamente!

Oh mi Todo, yo renuncio a todo lo que no sea Vos. y me entrego todo a Vos para siempre.

No quiero nada y quiero todo
Jesús es todo para mi, sin el lodo me es nada.
Quitádmelo todo, dadme este único bien.
y tendré lodo sin tener nada.

EJERCICIO PARA LA NOCHE

No es menos importante acabar bien que comenzar bien el día, y consagrar especialmente a Dios las últimas acciones de cada día así como las primeras. A tal efecto acordáos por la noche, antes de descansar, de poneros de rodillas al menos por espacio de un cuarto de hora, a fin de dar gracias a Dios por las gracias que os ha concedido durante el día, de hacer examen de conciencia, y ofreceros a él de nuevo con los ejercicios y prácticas siguientes.

CAPITULO 9

Ejercicio de agradecimiento

¡Oh Jesús, mi Señor, os adoro como el principio y la fuente, con vuestro Padre y vuestro Espíritu Santo, de todo lo que hay de bueno, de santo y de perfecto en el cielo y en la tierra, en el orden de la naturaleza, de la gracia y de la gloria. Os dedico todos los dones y todos los bienes celestiales y terrestres, temporales y eternos, que han procedido siempre de Vos, especialmente en este día, en la tierra y en el cielo.

Os bendigo y os doy infinitas gracias por todo lo que Vos sois en Vos mismo, y por todos los efectos de bondad que habéis operado por siempre, especialmente en este día, hacia todas vuestras criaturas; pero más particularmente por los que habéis operado en mí, la más mísera de vuestras criaturas, y que tenéis el designio de operar en mí desde la eternidad.

Os ofrezco todo el amor y las alabanzas que os han sido dados por siempre, pero especialmente los que os han sido dados hoy en el cielo y en la tierra. Que todos vuestros Angeles, todos vuestros Santos, todas vuestras criaturas y todas las potencias de vuestra divinidad y de vuestra humanidad os bendigan eternamente.

CAPITULO 10

Ejercicio para el examen de conciencia

Oh Señor Jesús, os adoro como mi soberano Juez; yo me someto voluntariamente al poder que tenéis para juzgarme y estoy satisfecho de que tengáis ese poder sobre mí. Hacedme partícipe, os ruego, de la luz por la que Vos me haréis ver mis pecados, cuando comparezca ante vuestro tribunal a la hora de la muerte, a fin de que en la claridad de esa luz, pueda conocer los pecados que he cometido contra vuestra Divina Majestad. Hacedme partícipe del celo de vuestra divina Justicia, y del odio que tenéis contra el pecado, a fin de que yo odie mis pecados como Vos los odiáis.

Después de esto, haced brevemente una revisión de toda la jornada, para ver en qué habéis ofendido a Dios; y habiendo reconocido los pecados que habéis cometido, acusaos ante él, pidiéndole perdón, haciendo los actos de contrición de esta manera.

CAPITULO 11

Actos de contrición para la noche

Oh mi Salvador, me acuso ante Vos, ante todos vuestros Angeles y Santos, de todos los pecados que he cometido en toda mi vida, y particularmente en este día, contra vuestra divina Majestad. Os suplico, mi Señor, por vuestra grandísima misericordia, por la preciosa sangre que habéis derramado por mí, y por las oraciones y méritos de vuestra santísima Madre y todos vuestros Angeles y Santos, que me deis ahora la gracia de hacer una perfecta contrición y arrepentimiento.

Oh Dios mio, detesto mis pecados con lodo mi corazón y en toda la extensión de mi voluntad; los detesto por la ofensa, la injuria y el deshonor que os he hecho con ellos. Los odio porque Vos los odiáis, y porque os son infinitamente desagradables. Oh buen Jesús, estos pecados míos han sido causa de haceros sufrir los tormentos más atroces que jamás hayan sido sufridos, de haberos hecho derramar vuestra sangre hasta la última gota, y de haceros morir con la muerte más cruel de todas las muertes. Por esta razón, mi buen Salvador, abomino de ellos y renuncio a ellos para siempre. ¡Oh! ¿Quién me dará todo el dolor y contrición de un San Pedro, de una Santa Magdalena y de todos los santos penitentes para llorar las ofensas que he hecho contra mi Dios, con tanto sentimiento y arrepentimiento, como ellos lloraron las suyas? ¡Oh! ¿Quién hará que yo odie tanto mis iniquidades, como los Angeles y los Santos las odian?

¡Oh, si fuera posible, Dios mio, que yo tuviera tanto horror de mis pecados, como Vos mismo tenéis! Mi Señor, que yo los deteste como Vos los detestáis, que yo me horrorice de ellos como Vos os horrorizáis, que yo los abomine como Vos los abomináis.

Oh amabilísimo Señor, que yo muera mil veces antes que ofenderos en adelante mortalmente, incluso antes de ofenderos de cualquier modo con voluntad deliberada. Declaro que con vuestra gracia me acusaré de todos mis pecados en la primera confesión que haga, y que tengo la firme resolución de apartarme de ellos en lo sucesivo por amor a Vos. Dios mio, sí. con todo mi corazón, renuncio para siempre a cualquier tipo de pecado, y me ofrezco a Vos para hacer y sufrir todo lo que os agrade en satisfacción de mis ofensas; aceptando de buen grado desde ahora, en homenaje a vuestra divina justicia, todas las penas y penitencias que queráis imponerme, ya sea en este mundo o en el otro, en expiación de mis faltas, y ofreciéndoos, en satisfacción del deshonor que os he hecho con mis pecados, toda la gloria que os ha sido rendida hoy por Vos mismo, por vuestra santa Madre, por vuestros Angeles, por vuestros Santos y por todas las almas santas que hay en la tierra.

Oh buen Jesús, me entrego por entero a Vos: anulad en mí todo lo que os desagrada; reparad por mí las ofensas que he cometido respecto a vuestro Padre eterno, a Vos, a vuestro Espíritu Santo, a vuestra bienaventurada Madre, a vuestros Angeles, a vuestros Santos y todas vuestras criaturas; y dadme la fuerza y la gracia para no ofenderos jamás.

Oh Angeles de Jesús, Santos y Santas de Jesús, Madre de Jesús, reparad por favor, mis defectos; reparad por mí el deshonor que he hecho a Dios por mis pecados, y dadle al céntuplo todo el amor y la gloria que habría debido rendirle este día y toda mi vida.

Oh Madre de Jesús, Madre de misericordia, pedid a vuestro Hijo que se apiade de mí. Madre de gracia, pedid a vuestro Hijo que me dé la gracia de no ofenderlo más, y para servirle y amarle fielmente.

Oh bienaventurado San José, oh santo Angel de mi guarda, oh bienaventurado San Juan, bienaventurada Santa Magdalena, interceded por mí a fin de que obtenga misericordia y gracia para ser más fiel a Dios. *Pater, Ave, Credo.*

CAPITULO 12

Para ofrecer vuestro descanso a Jesús

Oh Jesús, os ofrezco este descanso que voy a tomar, en honor del descanso eterno que Vos tenéis en el seno de vuestro Padre, y en honor del sueño y del descanso temporal que tomasteis, tanto en el seno de vuestra Madre, como durante el tiempo que estuvisteis en la tierra.

Os ofrezco todas las respiraciones que haré durante esta noche, todos los latidos de mi corazón y de mis venas, deseando que sean otros tantos actos de alabanza y de adoración hacia Vos. Me uno a todas las alabanzas que os serán dadas durante esta noche y siempre en el cielo y en la tierra. Y suplico a todos vuestro Angeles y vuestros Santos, a vuestra bienaventurada Madre, y a Vos mismo que os améis y os glorifiquéis por mí durante esta noche y toda la eternidad.

Después de esto, al acostaros, hay que hacer la señal de la cruz: y una vez acostados, decid la última oración que Jesús hizo a su Padre en el último momento de su vida, a saber: *Pater, in manus mas. commendo spiritum meum:* «Oh Padre, en vuestras manos encomiendo mi espíritu»; y hablando a Jesús: *in manus luas. Domine lesa, commendo spiritum meum:* «Oh Señor Jesús, en vuestras manos entrego mi espíritu». Hay que decir esta oración por la última hora de vuestra vida, e intentar decirla con la misma devoción con la que querríais decirla en esa última hora. Y a tal efecto, hay que decirla, en la medida de lo posible, con el amor, la humildad, la confianza y todas las disposiciones santas y divinas con las que Jesús la dijo; uniéndoos desde ahora para la última hora de vuestra muerte a estas últimas disposiciones con las que Jesús terminó su vida diciendo esta oración, y pidiéndole que las imprima en Vos, y que os las conserve para la última hora de vuestra vida, a fin de que por este medio muráis en Jesús, es decir en las disposiciones santas y divinas en las que Jesús murió, y que así seáis de aquellos de los que se ha escrito: *Beati mortui qui in Domino moriuntur.* «Bienaventurados los muertos que mueren en el Señor».

Por último, cuidad que la última acción que hagáis antes de dormiros sera la señal de la cruz: que el último pensamiento que tengáis sea Jesús; que el último acto interior que hagáis sea un acto de amor hacia Jesús; y que la última palabra que digáis sea el santo nombre de Jesús y de María, a fin de merecer por ello que las últimas palabras que digáis en vuestra vida sean estas: *¡Jesús, María! ¡Viva Jesús y María! ¡Oh buen Jesús, sed mi Jesús! ¡Oh María, Madre de Jesús, sed la Madre de mi alma!*

PARA LA CONFESION

CAPITULO 13

Lo que se debe hacer antes de la confesión

Es una cosa muy necesaria, muy santa y muy útil para la gloria de Dios y la santificación de las almas cristianas el uso frecuente del sacramento de la Penitencia, de la que la confesión es una parte, con tal de que uno se aproxime a ella con las debidas disposiciones. Pero es algo lamentable el ver el extraño abuso que hoy día hacen de este sacramento muchos que, acercándose a los pies de los sacerdotes para recibir de ellos la absolución de sus faltas, lo único que obtienen es su condena, al no presentarse con las disposiciones que son necesarias para una penitencia verdadera y sólida. Lo que debe ser muy temido, incluso por quienes se confiesan a menudo, porque se puede temer que lo hagan más por rutina que por un verdadero espíritu de penitencia, especialmente cuando no se ve ningún cambio en su vida o en sus costumbres, ni ningún avance en las virtudes cristianas. Por tanto cuanto más frecuentéis este sacramento, tanto más debéis tener cuidado en hacer las convenientes preparaciones. A tal efecto tenéis que hacer tres cosas.

Tenéis que poneros de rodillas a los pies de Nuestro Señor en algún lugar retirado, si es posible, para considerarlo y adorarlo con la rigurosísima penitencia, y con la profundísima contrición y humillación que él tuvo por vuestros pecados durante toda su vida, y especialmente en el huerto de los Olivos; y para suplicarle insistentemente que os haga partícipe de su espíritu de penitencia, y que os de la gracia de conocer vuestros pecados, de odiarlos y detestarlos tanto como él lo desea, de convertiros perfectamente a él, renunciando a todas las ocasiones de pecado, y sirviéndoos de los remedios necesarios para la curación de las heridas de vuestra alma. A tal fin podréis serviros de la oración siguiente o de alguna otra parecida.

Oh amadísimo Jesús, contemplándoos en el huerto de los Olivos, al inicio de vuestra santa Pasión, os veo prosternado contra la tierra ante el rostro de vuestro Padre, en nombre de todos los pecadores, como cargándoos con todos los pecados del mundo y de los míos en particular, que hicisteis vuestros en cierto modo. Veo que por vuestra divina luz ponéis todos estos mismos pecados ante los ojos, para confesarlos a vuestro Padre en nombre de todos los pecadores, para llevar ante él la humillación y la contrición, y para ofreceros a él a fin de darle la satisfacción y la penitencia que le agraden. A la vista del horror de mis crímenes, y del deshonor que por ellos se hace a vuestro Padre, os veo reducido, oh buen Jesús, en una extraña agonía, en una horrible tristeza, y en un dolor y una contrición tan extremas que la violencia del dolor entristece vuestra bendita alma hasta la muerte, y os hace sudar hasta sangre con tal abundancia que la tierra se empapó toda.

Oh mi Salvador, os adoro, os amo y os glorifico en este estado y en este espíritu de penitencia al que os han llevado vuestro amor y mis ofensas. Me entrego a Vos para entrar ahora con Vos en este espíritu. Hacedme partícipe, os ruego, de esta luz por la que Vos habéis conocido mis faltas, a fin de que yo las conozca para acusarme de ellas y detestarlas. Hacedme partícipe de la humillación y la contricción que llevasteis ante vuestro Padre, como también del amor con el que os habéis ofrecido a él para hacer penitencia y del odio y del horror que tenéis del pecado, y dadme la gracia de hacer esta confesión con una perfecta humildad, sinceridad y arrepentimiento, y con una firme y fuerte resolución de no ofenderos más en el futuro.

Oh Madre de Jesús, obtened para mí, os ruego, estas gracias de vuestro Hijo.

Oh santo Angel de la guardia, pedid a Nuestro Señor para mí que me conceda la gracia de conocer mis pecados, de confesarlos bien, de tener una verdadera contrición de ellos, y de convertirme perfectamente.

Después de hacer esta oración, debéis examinaros cuidadosamente, e intentar acordaros de los pecados cometidos desde vuestra última confesión; después, habiéndolos reconocido, intentar formar en vuestro corazón un verdadero dolor, un perfecto arrepentimiento y contrición de haber ofendido a un Dios tan bueno, pidiéndole perdón de vuestros pecados, detestándolos y renunciando a ellos porque le desagradan, tomando la firme resolución de apartaros de ellos en lo sucesivo, con su gracia, huir de todas las ocasiones y serviros de todos los medios propios y eficaces para llegar a una verdadera conversión; que es lo que constituye la contrición.

Pero porque esta misma contrición es extremadamente necesaria e importante, no sólo en la confesión, sino también en muchas otras ocasiones, deseo haceros ver más particularmente en qué consiste, cuándo y cómo hay que hacer actos de contrición; esto será después de haberos explicado el tercer requisito para la perfección de la confesión, y lo que hay que hacer después de haberse confesado.

La tercera cosa que hay que efectuar para hacer una confesión perfecta es ir los pies del sacerdote, como quien representa la persona y ocupa el lugar de Jesucristo; c ir en calidad de criminal de lesa majestad divina, con un gran deseo de humillaros y confundiros, de tomar el puesto de Dios contra vosotros mismos, como si se tratara de su enemigo, como pecador que sois, y de revestiros del celo de su justicia contra el pecado, y del odio infinito que él tiene; así como también con la firme resolución de confesar humildemente, enteramente y claramente todos vuestros pecados, sin disimularlos, excusarlos, ni achacarlos a otro, sino de acusaros como si estuvieseis en el punto de la muerte. Porque debéis considerar que más vale decir los pecados al oído de un sacerdote, que sufrir la vergüenza en el día del juicio ante todo el mundo, y ser condenado para siempre; y, por otra parte, debemos abrazar de buen grado la pena y confusión que producen el confesar nuestros pecados, para rendir homenaje a la confusión y a los tormentos que Nuestro Señor Jesucristo sufrió en la cruz por estos mismos pecados, así como también para glorificar al Señor por esta humillación, recordando que cuanto más nos humillemos, tanto más es exaltado él en nosotros.

CAPITULO 14

Lo que se debe hacer después de la confesión

Después de haberos confesado, y haber recibido el perdón de vuestros pecados por medio del sacramento de la Penitencia, acordaos de dar gracias a Nuestro Señor Jesucristo por haberos concedido una gracia tan grande. Porque cuando él nos libra de algún pecado, ya sea evitando que caigamos en él, ya sea perdonándonos el haber caído, aunque no fuera más que el pecado venial más leve del mundo, nos da una gracia más grande, y estamos más obligados a agradecérsela, que si nos librara de todas las pestes, enfermedades y otras aflicciones corporales que nos pueden sobrevenir. Dadle pues gracias de esta manera y pedidle que os guarde del pecado en el futuro.

¡Bendito seáis, oh buen Jesús; bendito seáis mil veces! ¡Que todos vuestros Angeles, vuestros Santos y vuestra santa Madre os bendigan ahora y siempre, por haber establecido en vuestra Iglesia el santo sacramento de la Penitencia, y por habernos dado un medio tan presente, tan fácil y tan poderoso para borrar nuestros pecados y reconciliarnos con Vos! ¡Bendito seáis por toda la gloria que os ha sido y os será dada hasta el fin del mundo por este sacramento! ¡Bendito seáis también por toda la gloria que Vos mismo habéis rendido a vuestro Padre por la confesión de nuestros pecados, por así decirlo, que Vos hicisteis en el huerto de los Olivos, y por la humillación, contrición y penitencia que Vos sufristeis por ellos! ¡Oh mi Salvador, imprimid, os ruego, dentro de mí un odio, un horror y un temor del pecado mayores que todos los demás males que hay en la tierra y en el infierno, y haced que muera mil veces antes que ofenderos en el futuro.

CAPITULO 15

Lo que es la contrición

La contrición es algo tan poderoso, tan santo y tan amable que un solo acto verdadero de contrición es capaz de borrar mil pecados mortales, si los hubiera en un alma. Pues bien, he aquí en qué consiste.

La contrición es un acto de odio y de horror, de dolor y arrepentimiento hacia el pecado que se ha cometido, porque desagrada a Dios; es decir, es un acto de nuestra voluntad, por el cual declaramos a Dios que queremos odiar y detestar nuestros pecados, que nos hemos arrepentido de haberlos cometido, y que renunciamos a ells, y tenemos el deseo de apartarnos de ellos, no tanto en consideración a nuestro propio interés, como el de él. Quiero decir no tanto a causa del mal, del error y del daño que nos hemos hecho a nosotros mismos por nuestros pecados, como a causa de la injuria, del deshonor, de los grandes tormentos y de la muerte cruelísima que hemos hecho sufrir a Nuestro Señor por estos mismos pecados.

Por consiguiente hay que señalar que es cierto que la menor ofensa hecha contra una bondad infinita es tan detestable que, aunque lloráramos hasta el día del juicio, o muriéramos de dolor por la más pequeña de nuestras faltas, sería todavía demasiado poco; sin embargo no es absolutamente necesario, para tener una verdadera contrición, derramar lágrimas, ni tener un dolor sensible o un sentimiento doloroso de los pecados: Porque, al ser la contrición un acto espiritual e interior de la voluntad, que es una potencia espiritual y no sensible de nuestra alma, se puede hacer un acto de contrición sin tener ningún dolor sensible; del mismo modo que es suficiente declarar a Nuestro Señor, con una verdadera voluntad, que queremos odiar y detestar nuestros pecados, y apartarnos de ellos en lo sucesivo, porque le desagradan, y que tenemos el deseo de confesarnos de ellos en la primera confesión que hagamos.

Observad también que la contrición es un don de Dios y un efecto de la gracia; por lo que, aunque supierais muy bien en qué consiste, y emplearais todas las fuerzas de vuestro espíritu y de vuestra voluntad para realizar algún acto de contrición, no lo podríais hacer jamás, si el Espíritu Santo no os diera su gracia. Pero lo que os debe consolar es que no os la rehusará, si se la pedís con humildad, confianza y perseverancia, y no esperáis a la hora de la muerte para pedírsela; porque generalmente no se concede, en ese momento, a quienes la han descuidado durante su vida.

Tened en cuenta también que para tener una verdadera contrición, son necesarias cuatro cosas, siendo la primera el devolver lo más pronto posible el bien del prójimo, cuando uno lo tiene y puede devolverlo, aunque sea incomodándose, y restituir el buen nombre, cuando uno lo ha manchado con alguna calumnia o maledicencia.

La segunda es hacer todo lo que uno pueda para reconciliarse con aquellos con quienes uno está en discordia.

La tercera es tener una voluntad firme y constante, no sólo de confesar los pecados y de renunciar a ellos, sino también de emplear los remedios y los medios necesarios para vencer las malas costumbres y comenzar una vida verdaderamente cristiana.

La cuarta es evitar realmente todas las ocasiones tanto activas como pasivas del pecado, es decir, tanto aquellas que se da a otros para ofender a Dios, como aquellas otras por las que uno es movido a defenderlo: como son para los concubinos y adúlteros sus amantes; para los borrachos las tabernas; para los jugadores y blasfemos los juegos, cuando en ellos tienen la costumbre de jurar y blasfemar, o perder mucho tiempo o dinero; para las mujeres y las jóvenes el descubrir sus escotes o el cuidado excesivo y la vanidad en sus cabellos y sus vestidos; y para muchos otros los malos libros, los cuadros feos, los bailes, las danzas, las comedias, la frecuentación de ciertos lugares, de ciertas compañías o de ciertas personas; como también ciertas profesiones y oficios que no se pueden ejercer sin pecado[1]. Porque, cuando el Hijo de Dios nos dice: *Si tu mano, o tu pie, o tu ojo te escandalizan, córtalos, arráncalos, y arrójalos lejos de ti, porque más vale entrar en el cielo sólo con una mano, o un pie, o un ojo. que ser arrojado al infierno con las dos manos, los dos pies, o los dos ojos,* es un mandato absoluto que nos hace bajo pena de la condena eterna, según la explicación de los santos Padres, de arrancar de nosotros y abandonar

---

[1] No dice San Juan Eudes nada del cine ni de la televisión, porque naturalmente, en aquellos tiempos no existían, pero todos debemos saber que hoy son los culpables y causa de condenación de la mayoría de las almas.

por completo todas las cosas que son ocasión de ruina para nosotros o para el prójimo, incluso las que de por sí no son malas, como ciertas profesiones y oficios, cuando no es posible ejercerlos sin pecado, así como las que no son muy familiares, queridas y preciadas, cuando son para nosotros ocasión de perdición.

Se pueden hacer actos de contrición en todo tiempo y ocasión, pero especialmente se deben hacer:

Cuando uno va a confesarse, porque la contrición (o al menos la atrición, que es una contrición imperfecta) es una parte necesaria para la Penitencia. Por eso he dicho anteriormente y repito ahora que hay que tener mucho cuidado antes de confesarse, después de examinarse, de pedir a Dios la contrición y después formar actos de contrición.

Cuando se ha caído en algún pecado, a fin de levantarse de inmediato por medio de la contrición.

Por la mañana y por la noche, para que, si se han cometido algunos pecados durante la noche y durante el día, sean borrados por medio de la contrición, y así se conserve uno siempre en gracia de Dios. Para ello os he señalado varios actos de contrición en el ejercicio de la tarde, después del examen.

Pero además de esto para facilitaros más el medio y la manera de practicar algo tan necesario e importante y de lo que tenemos necesidad en toda ocasión, he añadido aquí varios actos de contrición en diversas maneras, que podréis utilizar sirviéndoos de uno u otro, según el movimiento y guía del Espíritu de Dios.

Pero no os equivoquéis imaginando que, para tener la contrición de vuestros pecados es suficiente leer y pronunciar con atención los actos que se recogen en este libro u otros parecidos; porque además de que es necesario que la verdadera contrición vaya acompañada de las condiciones anteriormente enumeradas, debéis sobre todo acordaros que os es imposible producir ningún acto, sin una gracia particular de Dios. Y al empezar, cuando deseéis entrar en un verdadero arrepentimiento y contrición de vuestras faltas, acordaos de pedir a Nuestro Señor que os de para ello la gracia, de la siguiente manera.

CAPITULO 16

Para pedir a Dios la contrición

Oh buen Jesús, deseo tener toda la contrición y todo el arrepentimiento de mis pecados que Vos deseáis que tenga; pero sabéis que no puedo tenerlo, si Vos no me lo concedéis. Dádmelo pues, os ruego, mi Salvador, por vuestra grandísima misericordia; Sé muy bien que soy muy indigno de ser contemplado y atendido por Vos; pero tengo confianza en vuestra infinita bondad de que me concederéis lo que os ruego muy insistentemente por los méritos de vuestra santa Pasión, de vuestra santa Madre, de todos vuestros Angeles y de todos vuestros santos.

Oh Madre de Jesús, oh santos Angeles, oh bienaventurados Santos y Santas, rogad a Jesús por mí para que me conceda un perfecto arrepentimiento de mis pecados.

Después de esto, tratad de expresar actos de contrición de alguna de las siguientes maneras.

CAPITULO 17

Actos de contrición

Oh amabilísimo Jesús, quiero odiar y detestar mis pecados por amor a Vos.

Oh mi Salvador, renuncio para siempre a todo pecado, porque os desagrada.

Oh mi Jesús, quiero odiar y tener horror a mis ofensas, a causa de la injuria y el deshonor que os he hecho con ellas.

Oh Dios mio, desearía no haberos ofendido jamás, porque Vos sois digno de todo honor y amor.

Oh mi Señor, quiero tener toda la contrición que Vos queréis que tenga de mis pecados.

Oh mi Dios, desearía tener en mí todo el dolor y la contrición que todos los santos penitentes han tenido por siempre de sus pecados.

Oh buen Jesús, hacedme partícipe de la contrición que Vos mismo habéis tenido de mis pecados: porque deseo tener la misma contrición que Vos habéis tenido, en la medida que me sea posible.

Oh Padre de Jesús, os ofrezco la contrición y la penitencia que vuestro amado Hijo ha tenido de mis pecados, uniéndome a esta misma contrición.

Oh amabilísimo Jesús, que yo odie y abomine de mis pecados, porque ellos han sido la causa de los tormentos y de la muerte que habéis sufrido en la cruz.

Oh Dios mio, quiero odiar mis pecados con el mismo odio con el que vuestros Angeles y Santos los odian.

Oh Dios mio, quiero odiar y detestar mis pecados como Vos mismo los odiáis y detestáis.

Podéis también hacer un acto de contrición golpeándoos el pecho, como aquel pobre publicano del Evangelio, diciendo con él: *Deus, propitus esto mihi peceatori:* «Oh Dios sedme propicio a mí pecador», pero deseando hacer y decir esto con la misma contrición con la que él hacía y decía estas mismas cosas, y en virtud de la cual volvió a su casa justificado, según el mismo testimonio del Hijo de Dios.

He aquí diversos actos de contrición de los que el menor es capaz de borrar todo tipo de pecados, con tal de que sea pronunciado, con los labios, o sólo con el corazón, con una verdadera voluntad, movido por la operación de la gracia, y con la firme resolución de abandonar el pecado y las ocasiones del pecado, de confesarse de ellos y llevar a cabo lo antes posible las otras condiciones señaladas antes.

PARA LA SANTA COMUNION

Como Nuestro Señor Jesucristo viene a nosotros por medio de la santísima Eucaristía, con inmensa humildad que le hace humillarse hasta tomar forma y apariencia de pan, para darse a nosotros; y con el ardiente amor que le lleva a darnos, en este sacramento, todo lo que tiene de más grande, más querido y más preciado: así también nosotros debemos acercamos a él y recibirlo en este mismo sacramento, con profundísima humildad y grandísimo amor. Estas son las dos disposiciones principales con las que hay que ir a la santísima comunión. Para entrar en estas disposiciones, podréis serviros de esta elevación.

CAPITULO 18

Elevación a Dios para disponerse a la santa Comunión

Oh Jesús, mi luz y mi santificación, abrid los ojos de mi espíritu y llenad mi alma con vuestra gracia, a fin de que conozca la importancia de la acción que voy a realizar, y que la haga santa y dignamente para vuestra gloria.

Oh alma mía, considera atentamente, te ruego, la grandeza y la maravilla de la acción que vas a realizar, y la santidad y dignidad de quien vas a recibir. Vas a hacer la acción más grande, la más importante, la más santa y más divina que puedas jamás hacer. Vas a recibir en tu boca, en tu corazón, en el seno más íntimo de ti mismo, a tu Dios, a tu Creador, a tu Salvador, a tu soberano Señor, a tu Jesús. Sí, vas a recibir, en tu seno y en tus entrañas, real y actualmente, a este mismo Jesús, en persona, que reside desde toda la eternidad en el seno de su Padre. Este mismo Jesús que es la vida, la gloria, el tesoro, el amor y las delicias del Padre eterno; este mismo Jesús que tantos Patriarcas, Profetas, y Justos del Antiguo Testamento desearon ver y no lo vieron; este mismo Jesús que vivió nueve meses en las entrañas sagradas de la bienaventurada Virgen, a quien ella amamantó con sus senos, y llevó tantas veces en su regazo y en sus brazos; este mismo Jesús a quien se vio andando y viviendo sobre la tierra, bebiendo y comiendo con los pecadores; este mismo Jesús que fue colgado sobre la cruz; este mismo cuerpo que fue maltratado, desgarrado y roto por amor a ti; esta misma sangre que fue derramada sobre la tierra; este mismo corazón que fue atravesado por una lanza, tú vas a recibirlo <text not clear>nto a tu corazón; esta misma alma de Jesús que fue entregada en las manos de su Padre, al morir en la cruz, túvas a recibirla en tu alma. ¡Qué maravillas son éstas! ¿cómo? ¡Que yo reciba en mí a este Salvador, que ascendió al cielo gloriosa y triunfalmente, que está sentado a la derecha de Dios, y que vendrá con poder y majestad, al fin de los siglos, para juzgar el universo!

Oh grande y admirable Jesús, los Angeles más puros que el sol, no se consideran dignos de contemplaros, de alabaros y adoraros; y hoy, no sólo me permitís contemplaros, adoraros y amaros, sino que deseáis que os aloje en mi corazón y en mi alma, y que además posea dentro de mí toda la divinidad, toda la santísima Trinidad, y todo el Paraíso. ¡Oh Señor, qué bondad! ¿De dónde me viene la felicidad de que el soberano Rey del cielo y de la tierra quiera poner su morada dentro de mí, que soy un infierno de miseras y de pecados, parra cambiarme en paraíso de gracias y bendiciones? ¡Oh Dios mio, cuán indigno soy de tan gran favor! De verdad reconozco ante el cielo y la tierra que más bien merezco ser arrojado a lo más profundo del infierno, que no recibiros en mi alma tan llena de vicios e imperfecciones.

Pero ya que deseáis, oh mi Salvador, entregaros de este modo a mí, deseo recibiros con toda la pureza, el amor y la devoción que me sean posibles. Con esta intención os entrego mi alma, o buen Jesús; preparadle Vos mismo, del modo que Vos deseeis; destruid en ella todo lo que es contrario a Vos y llenadla de vuestro divino amor, y de todas las otras gracias y disposiciones con las que queréis que yo os reciba.

Oh Padre de Jesús, reducid a la nada todo lo que en mí desagrada a vuestro Hijo, y hacedme partícipe del amor que sentís por él, y con el que lo recibisteis en vuestro seno paterno el día de su Ascensión.

Oh Espíritu Santo de Jesús, os ofrezco mi alma; adornadla, os ruego, con todas las gracias y virtudes requeridas para recibir en ella a su Salvador.

Oh Madre de mi Dios, hacedme partícipe, os ruego, de la fe y la devoción, del amor y la humildad, de la pureza y la santidad, con la que comulgásteis tantas veces, después de la Ascensión de vuestro Hijo.

Oh santos Angeles, oh bienaventurados Santos y Santas, os ofrezco también mi alma; ofrecedla a mi Jesús y pedidle que él mismo la prepare y me haga partícipe de vuestra pureza y santidad, y del grandísimo amor que sentís por él.

Oh mi querido Jesús, os ofrezco toda la humildad y devoción, toda la pureza y santidad, todo el amor y todas las preparaciones con las que habéis sido recibido en todas las almas santas que ha habido y hay en la tierra. Desearía tener en mí todo este amor y esta devoción; incluso, si fuera posible, desearía tener en mí todos los santos fervores y todos los divinos amores de todos los Angeles, de todos los Serafines, de todos los Santos de la tierra y del cielo, para recibiros más santa y dignamente. Oh mi dulce Amor, Vos sois todo amor hacia mí en este sacramento de amor, y venís a mí con un amor infinito. ¡Y yo no voy a ser también todo amor hacia Vos, para recibiros en un alma transformada toda en amor hacia Vos!

Pero, oh mi Salvador, no hay ningún lugar digno de Vos más que Vos mismo; no hay ningún amor con el que podáis ser recibido dignamente, sino el que Vos os tenéis a Vos mismo. Por ello, a fin de recibiros no en mí, pues soy indigno de ello, sino en Vos mismo y con el amor que sentís por Vos mismo, me reduzco a la nada a vuestros pies, todo lo que puedo y todo lo que hay en mí; me entrego a Vos y os suplico que me reduzcáis a la nada Vos mismo, y que os establezcáis en mí, y en mí establezcáis vuestro divino amor, a fin de que, cuando vengáis a mí en la santa comunión, seáis recibido no en mí, sino en Vos mismo, y con el amor que sentís por Vos mismo.

Observad bien este último artículo, porque ahí está la verdadera disposición con la que hay que recibir al Hijo de Dios en la santa comunión: es la preparación de las preparaciones, que comprende todas las otras, y que he puesto al final de esta elevación, para las almas más espirituales y elevadas.

Observad también que desear tener en nosotros toda la devoción y amor de las almas santas, no es cosa inútil, porque Nuestro Señor dijo un día a santa Mechtilde, religiosa de la santísima Orden de San Benito, que cuando fuera a comulgar, si no sentía en ella ninguna devoción, que deseara tener toda la devoción y todo el amor de todas las almas santas que habían comulgado siempre; y que él la consideraría como si en efecto la hubiera tenido.

Y leemos también de santa Gertrudis, que era de la misma época, de la misma Orden y del mismo monasterio que santa Mechtilde, que un día, estando a punto de comulgar y no sintiendo en ella la preparación y la devoción que ella deseaba, se dirigió a Nuestro Señor, y le ofreció todas las preparaciones y devociones de todos los Santos y de la santísima Virgen. Después de lo cual él se le apareció y le dijo estas palabras: *Ahora apareces ante mi y a los ojos de mis Santos con el aparato y adorno que has deseado.*

¡Oh, Señor, qué bondadoso sois tomando nuestros buenos deseos como realidades!

CAPITULO 19

Lo que hay que hacer después de la santa comunión

Después de la santa comunión debéis hacer tres cosas: Debéis prosternaros en espíritu a los pies del Hijo de Dios, que reside en vosotros, parra adorarle y pedirle perdón de todos vuestros pecados e ingratitudes, y de haberlo recibido en un lugar tan inmundo, y con tan poco amor y disposición.

Tenéis que darle gracias por haberse dado a vosotros, e invitar a todas las cosas que están en el cielo y en la tierra a bendecirlo con vosotros.

Como él se ha dado todo a vosotros, también vosotros tenéis que daros por completo a él, y pedirle que destruya todo lo que es contrario a él, y que establezca el imperio de su amor y de su gloria para siempre. A este fin podréis serviros de la siguiente elevación.

CAPITULO 20

Elevación a Jesús después de la santa Comunión

Oh Jesús, oh mi Dios, oh mi Creador, mi Salvador y mi soberano Señor, ¿qué maravilla es ésta? ¡Que yo tenga ahora verdaderamente en el seno de mi alma a quien vive desde toda la eternidad en el seno del Padre! ¡Que yo lleve en mis entrañas a este mismo Jesús que la santísima Virgen llevó en sus entrañas puras! ¡Que este amabilísimo Corazón de Jesús, sobre el que el discípulo amado reposó y que fue atravesado por el golpe de la lanza en la cruz, esté ahora reposando dentro de mí y junto a mi corazón! ¡Que su santísima alma esté viva en mi alma! ¡Que toda la divinidad, la santísima Trinidad y todo lo que hay más admirable en Dios, y todo el paraíso, haya venido a fundirse dentro de mí, criatura mísera e indigna! ¡Oh Dios, qué misericordia, qué favores! ¿Qué diré, qué haré ante cosas tan grandes y tan maravillosas? ¡Oh mi Señor Jesús, que todas las potencias de mi alma y de mi cuerpo se postren ante vuestra divina Majestad, para adorarlo y rendirle el homenaje que le es debido! ¡Que el cielo y la tierra y todas las criaturas que están en la tierra y en el cielo, vengan a fundirse a vuestros pies, para rendiros conmigo mil homenajes y mil adoraciones! ¡Pero, Dios mío, qué temeridad por mi parte el haberos recibido a Vos que sois el Santo de los santos, en un lugar tan inmundo, y con tan poco amor y preparación! Perdón, mi Salvador, os pido perdón por ello con todo mi corazón, así como también por todos los demás pecados e ingratitudes de mi vida pasada.

¡Oh dulcísimo, queridísimo, deseadísimo, amabilísimo Jesús, el único de mi corazón, amado mío de mi alma, el objeto de todos mis amores, oh mi dulce vida, oh mi alma querida, oh mi queridísimo corazón, oh mi único amor, oh mi tesoro y mi gloria, oh todo mi contentamiento y mi sola esperanza! Jesús mio, ¿qué pensaré de vuestras bondades que son tan excesivas hacia mio? ¿Qué haré por vuestro amor Vos que hacéis tantas maravillas por mí? ¿Qué acciones de gracias os rendiré? ¡Oh mi Salvador, os ofrezco todas las bendiciones que os han sido dadas y os serán dadas por toda la eternidad por vuestro Padre, por vuestro Espíritu Santo, por vuestra sagrada Madre, por todos vuestros Angeles y por todas las almas santas que os han recibido en todo tiempo por medio de la santa comunión! Dios mio, que todo lo que hay en mí sea cambiado en alabanza y en amor hacia Vos! ¡Que vuestro Padre, vuestro Espíritu Santo, vuestra santa Madre, todos vuestros Santos y todas vuestras criaturas, os bendigan eternamente por mí! Padre de Jesús, Espíritu Santo de Jesús, Madre de Jesús, Angeles de Jesús, Santos y Santas de Jesús, bendecid a Jesús por mí!

Oh buen Jesús, Vos os habéis entregado todo a mí, y con un gran amor. En este mismo amor, yo me entrego todo a Vos; os doy mi cuerpo, mi alma, mi vida, mis pensamientos, palabras y acciones, y todo lo que depende de mí; de este modo yo me entrego del todo a Vos, a fin de que Vos dispongáis de mí y de todo lo que me pertenece, en el tiempo y en la eternidad, de todos los modos que os plazca, para vuestra pura gloria. Oh mi Señor, y mi Dios, emplead Vos mismo, os ruego, el poder de vuestra mano para arrebatarme a mí mismo, al mundo y todo lo que no seáis Vos, para poseerme enteramente. Destruid en mi amor propio, mi propia voluntad, mi orgullo y todos mis demás vicios e inclinaciones desordenadas: Estableced en mi alma el reino de vuestro amor puro, de vuestra santa gloria y de vuestra divina voluntad, a fin de que en adelante os ame perfectamente; que no ame nada sino en Vos y por Vos; que todo mi contentamiento sea contentaros a Vos, toda mi gloria glorificaros y hacer que os glorifiquen, y mi soberana felicidad el cumplimiento de vuestras santas voluntades. Oh buen Jesús, haced reinar en mí vuestra humildad, vuestra caridad, vuestra dulzura y paciencia, vuestra obediencia, vuestra modestia, vuestra castidad, y todas vuestras otras virtudes; revestidme de vuestro espíritu, de vuestros sentimientos e inclinaciones, a fin de que no tenga otros sentimientos, deseos e inclinaciones que los vuestros. Finalmente anulad en mí todo lo que os es contrario, y amaos y glorificaos en mí Vos mismo de todas las maneras que deseéis.

Oh mi Salvador, os encomiendo a todas las personas por las que estoy obligado a rezar, especialmente os encomiendo a N.N.; anulad en estas personas todo lo que os es desagradable; llenadlas de vuestro amor; cumplid todos los designios que vuestra bondad tenga sobre sus almas, y dadles todo lo que os he pedido por mi parte.

Podéis también, si queréis, después de la santa comunión, serviros de los tres actos siguientes.

CAPITULO 21

Tres actos de adoración, de oblación y de amor a Jesús

Puesto que no estamos en la tierra más que para honrar y amar a Jesús, y le pertenecemos por infinidad de conceptos, nuestro cuidado y ejercicio principal debe ser adorarlo y amarlo, y entregarnos y unirnos sin cesar a él. Por ello, además de los ejercicios precedentes que os he señalado para la noche y la mañana, será conveniente que, de tanto tiempo como hay en cada día, se tome todavía un cuarto de hora, antes o después de la comida, para practicar los tres actos siguientes, que pueden hacerse fácilmente y en poco tiempo, y además son muy útiles y establecen poco a poco e insensiblemente a quienes los practican con perseverancia, en una relación y pertenencia muy estrecha, y en un espíritu de amor y de confianza hacia Jesús. Hay que practicarlos no a la carrera y con prisas, sino con calma y tranquilidad de espíritu, y deternerse especialmente en aquel que produzca mayor atracción e inclinación. He aquí la práctica:

1.- ACTO DE ADORACION A JESUS

Oh grande y admirable Jesús, os adoro y os honro como a mi Dios y soberano Señor, de quien dependo, y os adoro y honro con todas mis fuerzas, y en todas las maneras que me es posible: os ofrezco todas las adoraciones y todos los honores que os han sido, son y serán rendidos por siempre en el cielo y en la tierra.

¡Oh! ¿Por qué no me convierto todo en adoración y alabanza hacia Vos? ¡Oh! que el cielo y la tierra os adoren ahora conmigo, y que todo lo que está en el cielo y en la tierra se convierta en adoración y glorificación hacia Vos.

2.- ACTO DE OBLACION A JESUS

Oh Jesús, mi Señor, os pertenezco necesariamente por mil y mil conceptos, pero deseo también perteneceros voluntariamente. Por ello os ofrezco, os doy, os consagro enteramente mi cuerpo, mi alma, mi vida, mi corazón, mi espíritu, todos mis pensamientos, palabras y acciones, y todas las dependencias y pertenencias de mi ser y de mi vida, deseando que todo lo que ha habido, hay y habrá en mí, os pertenezca totalmente, absolutamente, únicamente y eternamente. Y os hago esta oblación y donación de mí mismo, no sólo con toda mi fuerza y poder, sino, a fin de hacerla más eficazmente y más santamente, me ofrezco y me doy a Vos, en toda la virtud de vuestra gracia, en todo el poder de vuestro espíritu, y en todas las fuerzas de vuestro divino amor, que es el mío, puesto que todo lo que es de Vos está en mí. Y os suplico, mi Salvador, que por vuestra grandísima misericordia, empleéis Vos mismo la fuerza' de vuestro brazo y el poder de vuestro espíritu y de vuestro amor, para arrebatarme a mí mismo y a todo lo que no sea Vos, y poseerme perfectamente y para siempre, y ello para la gloria de vuestro santo nombre.

3 - ACTO DE AMOR A JESUS

Oh amabilísimo Jesús, ya que sois todo bondad, todo amor e infinitamente amable, y Vos no me habéis creado sino para amaros, y no pedís otra cosa de mí mismo que os ame, yo quiero amaros, mi queridísimo Jesús, quiero amaros con todo mi corazón, con toda mi alma y con todas mis fuerzas. No sólo esto, sino que además quiero amar en Vos toda la extensión de vuestra divina voluntad, en todas las fuerzas de vuestro Corazón y en todas las virtudes y potencias de vuestro amor; porque todas estas cosas son mías, y de ellas puedo hacer uso como si fueran mías, puesto que al daros a mí, me habéis dado todo lo que es vuestro. Oh mi Salvador, quiero anular en mí, cueste lo que cueste, todo lo que es contrario a vuestro amor. Oh buen Jesús, me entrego a Vos para amaros en toda la perfección que demandáis de mí.

Anulad Vos mismo en mí todo lo que pone obstáculos a vuestro amor, y amaos Vos mismo dentro de mí en todas las maneras que lo deseéis, puesto que me entrego a Vos para hacer y sufrir todo lo que os agrade para vuestro amor.

Oh Jesús, os ofrezco todo el amor que os ha sido, es, y será ofrecido por siempre en el cielo y en la tierra. ¡Oh! ¡Que todo el mundo os ame ahora conmigo, y que todo lo que hay en el mundo se convierta en una pura llama de amor hacia Vos! Oh Padre de Jesús. Espíritu Santo de Jesús, Madre de Jesús, bienaventurado San José, bienaventurado San Gabriel, Angeles de Jesús, Santos y Santas de Jesús, amad a Jesús por mí, y dadle al céntuplo todo el amor que yo habría debido darle en toda mi vida, y que todos los malos ángeles y todos los hombres que ha habido, hay y habrá, le deben dar.

CAPITULO 22

Oración a la santísima Virgen María Madre de Dios

Oh Virgen santa, Madre de Dios, Reina de los hombres y de los Angeles, maravilla del cielo y de la tierra, os reverencio de todas las maneras que puedo según Dios, de todas las maneras que debo según vuestras grandezas, y como vuestro Hijo único Jesucristo Nuestro Señor quiere que Vos seáis venerada en el cielo y en la tierra. Os ofrezco mi alma y mi vida, y quiero perteneceros para siempre, y rendiros algún homenaje y señal de dependencia particular en el tiempo y en la eternidad. Madre de gracia y de misericordia, os elijo como Reina de mi alma, en honor de que plugo a Dios mismo elegiros como a su Madre. Reina de los hombres y de los Angeles, os acepto y os reconozco como mi Soberana, en honor de la dependencia que el Hijo de Dios, mi Salvador y mi Dios, quiso tener de Vos como de su Madre; y en esta cualidad, os entrego sobre mi alma y mi vida todo el poder que puedo daros según Dios. Oh Virgen santa, miradme como cosa vuestra, y por vuestra bondad tratadme como el sujeto de vuestro poder y como el objeto de vuestras misericordias.

Oh fuente de vida y de gracia, refugio de los pecadores, me acojo a Vos, para ser librado del pecado y para ser preservado de la muerte eterna. Que esté bajo vuestra tutela, que tenga parte en vuestros privilegios, y que obtenga, por vuestras grandezas y privilegios, y por el derecho de la pertenencia a Vos, lo que no merezco obtener por mis ofensas; y que en la última hora de mi vida, decisiva de mi eternidad, esté en vuestras manos, en honor de ese momento feliz de la Encarnación, en el que Dios se hizo hombre, y Vos la Madre de Dios.

¡Oh Virgen y Madre al mismo tiempo! ¡Oh templo sagrado de la divinidad! ¡Oh maravilla del cielo y de la tierra! Oh Madre de Dios, os pertenezco por el título general de vuestras grandezas; pero quiero además ser vuestro por el título particular de mi elección y de mi franca voluntad. Me entrego pues a Vos y a vuestro Hijo único, Jesucristo Nuestro Señor, y no quiero pasar ningún día sin rendirle a él y a Vos algún homenaje particular y algún testimonio de mi dependencia y servidumbre, en la cual deseo morir y vivir para siempre. Así sea. *Ave María.*

PROFESIONES CRISTIANAS QUE CONVIENE RENOVAR CADA DIA

La vida y la santidad cristiana están establecidas sobre ocho fundamentos principales, que fueron explicados más en particular en la segunda parte de este libro. El primero es la fe; el segundo el odio al pecado; el tercero la humildad; el cuarto la negación de si mismo, del mundo y de todas las cosas; el quinto la sumisión y el abandono de si mismo a la divina voluntad; el sexto el amor a Jesús y a su Santísima Madre; el séptimo el amor a la cruz; el octavo la caridad hacia el prójimo. Estos son los principios de la teología del cielo, de la filosofía cristiana, y de la ciencia de los Santos, que Nuestro Señor Jesucristo extrajo del seno de su Padre, nos trajo a la tierra, y nos enseñó por sus palabras y mucho más por su ejemplo, que estamos obligados a seguir, si queremos ser cristianos. A esto nos hemos comprometido con el voto y la profesión solemne que hicimos en el Bautismo, como será explicado más ampliamente en la segunda parte. Por ello es muy importante renovar todos los días esta profesión que se contiene en los ocho artículos siguientes. Pero tened buen cuidado de no hacerlo de prisa y corriendo, sino con calma, considerando e imprimiendo en vuestro espíritu lo que decís. Si no disponéis de tiempo, no toméis más que uno o dos artículos cada vez, y dejad los otros para otra hora o incluso otro dia. Pues si tenéis poco tiempo libre, sería preferible no emplear más que un artículo cada día y servirse de él con atención, antes que emplearlos todos a prisa y sin la aplicación de espíritu que la importancia de estas cosas demanda.

CAPITULO 23

Profesión de fe cristiana

Oh Jesús, os adoro como autor y modelo de la fe, y como luz eterna y fuente de toda luz. Os doy gracias infinitas de que habéis querido, por vuestra grandísima misericordia, llamarme de las tinieblas del pecado y del infierno a vuestra admirable luz, que es la luz de la fe. Os pido mil veces perdón de no haberme dejado conducir en el pasado por esta divina luz, reconociendo que he merecido muchas veces ser privado de ella por el mal uso que de ella he hecho, y declarándoos que en adelante no quiero vivir más que según la palabra de vuestro divino Apóstol, que nos anuncia que *el justo vive de la fe*. Para ello, me entrego al espíritu de vuestra santa fe, y en el poder de este espíritu, así como en unión de la fe vivísima y perfectísima de vuestra bienaventurada Madre, de vuestros santos Apóstoles, y de toda vuestra santa Iglesia, hago profesión ante el cielo y la tierra, y estoy dispuesto, con vuestra gracia, a hacerlo ante todos los enemigos de esta misma fe: 1.º de creer entera y firmemente todo lo que Vos nos enseñáis por Vos mismo y por vuestra santa Iglesia; 2.º de querer dar mi sangre y mi vida, y sufrir todo tipo de tormentos, antes que apartarme en un solo punto de esta creencia y de adherirme, por poco que sea, a los errores que le son contrarios; 3.º de querer vivir y conducirme en adelante, no según los sentidos como los animales, o según la razón humana, como los filósofos, sino según la luz de la fe, como los verdaderos cristianos, y según las máximas de esta misma fe que Vos nos habéis dejado en vuestro santo Evangelio. Conservad y acrecentad en mí, oh mi Salvador, estas santas resoluciones, y dadme la gracia de cumplirlas perfectamente para la gloria de vuestro santo nombre.

CAPITULO 24

Profesión de odio y de aborrecimiento cristiano del pecado

Oh Jesús, os adoro en vuestra santidad incomprensible y en el odio infinito que tenéis al pecado. Os pido perdón, desde lo más profundo de mi corazón, por todos los pecados que he cometido en toda mi vida. Me entrego a vuestro espíritu de santidad y a vuestro espíritu de odio contra el pecado. En este espíritu hago profesión: 1.° de odiar y detestar el pecado más que la muerte, más que el diablo, más que el infierno, y más que todas las cosas más detestables que puedan imaginarse; 2° de no odiar nada más que el pecado, y de no entristecerme jamás por ninguna cosa más que por las ofensas que se cometen contra vuestra divina Majestad, no habiendo nada en el mundo que merezca ser objeto de nuestras enemistades y sujeto de nuestras tristezas más que este monstruo infernal; 3.° de odiarlo tanto que, mediante vuestra gracia, si viera todos los tormentos de la tierra y del infierno de un lado, y un pecado del otro, elegiría más bien el primero que el segundo. Oh Dios mío, conservad y aumentad siempre cada vez más este odio dentro de mi corazón.

CAPITULO 25

Profesión de humildad cristiana

Oh adorabilísimo y humildísimo Jesús, os adoro y os bendigo en vuestra profundísima humildad. Me humillo y me confundo ante Vos, y a la vista de mi orgullo y vanidad, os pido perdón muy humildemente. Me entrego de todo corazón a vuestro espíritu de humildad. Y en este espíritu, así como también en toda la humildad del cielo y de la tierra, hundido en lo más profundo de mi nada, reconozco ante todo el mundo: 1.° que no soy nada, no tengo nada, no puedo nada, no sé nada, no valgo nada, y que no tengo ninguna fuerza por mí mismo para resistir al menor mal, ni para hacer el menor bien; 2.° que yo mismo soy capaz de todos los crímenes de Judas, de Pilatos, de Herodes, de Lucifer, del Anticristo, y en general de todos los pecados de la tierra y del infierno; y que si Vos no me sostuvierais por vuestra grandísima bondad, caería en un infierno de toda suerte de abominaciones; 3.° que he merecido la ira de Dios y de todas las criaturas de Dios, y las penas eternas: He aquí mi heredad, he aquí de lo que puedo enorgullecerme, y nada más.

Por esta razón, hago profesión: 1de quererme humillar por debajo de todas las criaturas, contemplándome y estimándome, y queriendo ser mirado y tratado, como el último de todos los hombres; 2° de tener horror a toda alabanza, honor y gloria, como veneno y maldición, siguiendo vuestras palabras, oh mi Salvador; *¡Ay de vosotros, cuando los hombres os bendigan!;* y de abrazar y amar todo desprecio y humillación, como cosa debida al miserable condenado que soy, según la cualidad de pecador e hijo de Adán que hay en mí, por la cual, como dice el Apóstol, soy *natura filius irae,* hijo de ira y maldición por mi condición natural; 3.° de querer ser anulado enteramente en mi espíritu y en el espíritu del prójimo, a fin de no tener ninguna contemplación, ni estima, ni búsqueda de mí mismo; y que del mismo modo nadie me mire ni me estime, no más que a quien es nada, y que sólo se os mire y considere a Vos. Buen Jesús, verdad eterna, grabad en mí fuertemente estas verdades y sentimientos, y haced que produzcan en mí los efectos, por vuestra grandísima misericordia y para vuestra santa gloria.

CAPITULO 26

Profesión de abnegación cristiana

¡Oh Jesús, mi Señor y mi Dios! Os adoro al pronunciar estas palabras: *si alguno quiere venir en pos de mí, que se niegue a si mismo, cargue su cruz* v *me siga; y cualquiera que no renuncia a todas sus cosas, no puede ser discípulo mió.* Me entrego al espíritu de luz y de gracia con el que Vos las pronunciásteis, para reconocer su importancia y llevarrlas a efecto. En este espíritu reconozcotres grandes verdades que me obligan poderosamente a renunciar a mí mismo y a todas las cosas.

Porque veo: 1.ª que sólo Vos sois digno de existir, de vivir y de operar y que cualquier otro ser debe ser reducido a la nada ante Vos; 2.º que para existir y vivir en Vos, según el grandísimo deseo que Vos tenéis, debo salir de mí mismo y de todas las cosas, debido a la corrupción que el pecado ha puesto en mí y en todas las cosas; 3.º que he merecido por mis pecados ser despojado de todas las cosas, incluso de mi propio ser y de mi propia vida.

Por ello, en el poder de vuestra gracia, y en unión de este mismo amor por el que Vos quisisteis vivir en el desasimiento de todas las cosas de este mundo; así como también en la virtud del espíritu divino por el que Vos pronunciásteis estas terribles palabras: *No oro por el mundo;* y estas otras, hablando de los vuestros: *No son del mundo, como tampoco yo soy del mundo,* hago profesión pública y solemne: 1 .ᵘ de querer en adelante considerar y aborrecer el mundo como a un excomulgado, un condenado, un infierno, y renunciar enteramente y para siempre a todos los honores, riquezas y placeres del mundo presente; 2.° de no querer obtener voluntariamente ninguna satisfacción, deleite o reposo de espíritu en ninguna de estas cosas; sino hacer uso de ellas como si no se usaran, es decir sin aferrarse ni apegarse a ellas de ningún modo, sino sólo por necesidad, para obedecer a vuestra santa voluntad que lo ordena así, y para vuestra pura gloria; 3.° de intentar vivir en este mundo del viejo Adán, como si no estuviera, sino como siendo del otro mundo, es decir el mundo del nuevo Adán, que es el cielo; incluso viviendo en él como en un infierno, es decir no sólo con desasimiento, sino con odio, contrariedad y horror hacia todo lo que hay en él; con amor, deseo y añoranza del siglo venidero; y con paciencia hacia éste, y las inclinaciones infinitas que tenéis de destruirlo y reducirlo a cenizas, como haréis el día de vuestra ira. ¡Que yo esté de este modo en medio de este mundo, de la misma manera que un alma verdaderamente cristiana, si por orden vuestra estuviera en medio del infierno, estaría allí con estas mencionadas disposiciones. Que yo esté en la tierra como si no estuviera; sino que mi espíritu, mi corazón y mi conversación estén en el cielo y en Vos mismo, que sois mi cielo, mi paraíso, mi mundo y mi todo!

Además de esto, mi Señor, quiero también ir más allá; quiero seguir vuestra palabra por la que Vos me declaráis que, si quiero ir en pos de Vos, debo no sólo renunciar a todas las cosas, sino también a mí mismo. A tal fin me entrego al poder de vuestro divino amor por el que Vos os negasteis a Vos mismo; y, en unión a este mismo amor, hago profesión: 1.º de renunciar enteramente y para siempre a todo lo que es de mí y del viejo Adán; *2.ª* de querer anular ante vuestros pies, todo lo que me sea posible, mi espíritu, mi amor propio, mi propia voluntad, mi vida y mi ser; suplicándoos muy humildemente que utilicéis vuestro divino poder para reducirme a la nada, a fin de estableceros en mí, vivir en mí, reinar en mí, y actuar en mí según todos vuestros designios; y que de este modo yo no exista más, no viva más, no actúe y no hable más en mí y por mí, sino en Vos y por Vos. 3.º Hago esta profesión, no sólo para ahora, sino para todos los momentos y todas las acciones de mi vida, y os suplico con todo mi corazón que la contempléis y aceptéis como si la hiciera en cada momento y en cada acción, y que hagáis, por vuestro grandísimo poder y bondad, de manera que lo lleve a efecto para vuestra gloria, y que pueda decir con vuestro santo Apóstol: *Ya no vivo en mí, sino que Jesucristo vive en mi.*

CAPITULO 27

Profesión de sumisión y abandono de uno mismo a la divina voluntad

Oh mi Salvador, os adoro al pronunciar estas divinas palabras: *he bajado del cielo no para hacer mi voluntad, sino para hacer la voluntad de quien me ha enviado.* Os adoro en la perfectísima sumisión que habéis ofrecido a todas las voluntades de vuestro Padre. Os pido perdón de todos los obstáculos que he puesto a vuestras santas voluntades. Me entrego a vuestro espíritu para seguiros en adelante en la práctica de esta virtud de la sumisión. Y a la luz de este divino espíritu, reconozco que vuestra santa voluntad gobierna y dispone todas las cosas, por orden absoluta o por permiso. Reconozco también que me habéis puesto en la tierra sólo para hacer vuestra divina voluntad, y que por consiguiente ello es mi fin, mi centro, mi elemento y mi soberano bien. Y por tanto, en unión con la perfectísima sumisión que Vos, vuestra santa Madre y todos vuestros Santos tenéis hacia la divina voluntad, hago profesión: I,° de renunciar enteramente y para siempre a todos mis deseos, voluntades e inclinaciones, y de no tener jamás otra voluntad que la vuestra, mirarla siempre fijamente, seguirla a donde quiera que vaya, lo más perfectamente que me sea posible, y abandonarme totalmente a ella en cuerpo y alma, para la vida y para la muerte, en el tiempo y en la eternidad; 2.° de preferir morir, incluso sufrir mil infiernos, que no hacer algo con intención y deliberación contra vuestra amabilísima voluntad; 3.ª de no querer, ni en la vida ni en la muerte, ni en este mundo ni en el otro, otro tesoro, otra gloria, otra alegría, otro contentamiento, ni otro paraíso que vuestra adorabilísima voluntad. Oh queridísima voluntad de mi Dios, en adelante sois mi corazón, mi alma, mi vida, mi fuerza, mis riquezas, mis delicias, mis honores, mi corona, mi imperio y mi soberano bien. Vivid y reinad en mí perfecta y eternamente.

CAPITULO 28

Profesión de amor hacia Jesús y María

Oh amabilísimo Jesús, oh queridísima María, Madre de mi Jesús, os adoro en todas vuestras perfecciones, y en el grandísimo amor que os profesáis mutuamente. Os pido mil perdones por haberos amado tan poco hasta ahora, y de haberos ofendido tanto y tanto. Me entrego enteramente a vuestro divino amor. Y en este mismo amor, así como también en todo el amor del cielo y de la tierra, reconociendo que no estoy en el mundo sino para amaros y glorificaros, que tengo infinitas razones para hacerlo, y que éste es mi gran y único objetivo aquí, hago profesión: 1.º de querer aplicarme en todas mis fuerzas a serviros y amaros; 2.” de querer hacer todo lo que haga por amor a Vos, lo más perfectamente que pueda; 3.º de querer ser anulado más que dar a cualquier cosa que sea el menor ápice de amor que os debo; 4.º de poner toda mi felicidad y mis delicias en honraros, serviros y amaros; 5.º de hacer que os amen y glorifiquen todos aquellos que pueda, y de todas las maneras que me sean posibles.

CAPITULO 29

Profesión de amor a la Cruz

Oh Jesús, mi querido amor crucificado, os adoro en todos vuestros sufrimientos. Os pido perdón por todos los fallos que he cometido hasta ahora en las aflicciones que me habéis querido enviar. Me entrego al espíritu de vuestra cruz, y en este espíritu, así como también en todo el amor del cielo y de la tierra, abrazo con todo mi corazón, por amor a Vos, todas las cruces del cuerpo y del espíritu que me vengan. Y hago profesión de poner toda mi gloria, mi tesoro, y mi contentamiento en vuestra cruz, es decir en las humillaciones, privaciones y sufrimientos, diciendo con San Pablo: *Mihi autem absit glorian, nisi in cruce Domini nostri Ie.su Christi:* «En cuanto a mi, hago profesión solemne de no querer otro paraíso en este mundo que la cruz de mi Señor Jesucristo».

CAPITULO 30

Profesión de caridad cristiana
hacia el prójimo

Oh Jesús, Dios de amor y de caridad, os adoro en todos los excesos de vuestra divina caridad, os pido perdón por todos los fallos que he cometido contra esta virtud, que es la reina de todas las otras. Me entrego a vuestro espíritu de caridad. Y en este espíritu, así como también en toda la caridad de vuestra santa Madre y de todos vuestros Santos, hago profesión: 1.° de no odiar jamás a nadie ni a nada salvo el pecado; 2.° de querer amar a todos por amor a Vos; 3.° de no pensar, ni decir, ni hacer jamás mala nadie; sino pensar bien, juzgar bien, hablar bien, hacer bien a todos; de excusar y soportar los defectos dei prójimo; de explicar todo en la mejor parte; de tener compasión de las miserias corporales y espirituales de mi prójimo, y de comportarme con cada uno con todo tipo de dulzura, bondad y caridad. Oh caridad eterna, me entrego a Vos, anulad en mí todo lo que os es contrario, y estableced vuestro reino en mi corazón y en todos los corazones de los cristianos.

Made in the USA
Columbia, SC
09 March 2023

13470006R00139